U0617539

本书受兰州大学人文社会科学类高水平著作出版基金资助

上市企业
社会责任
信息披露研究

RESEARCH ON
SOCIAL RESPONSIBILITY DISCLOSURE
OF
LISTED FIRMS

陈 竞 著

社会科学文献出版社
SOCIAL SCIENCES ACADEMIC PRESS (CHINA)

摘 要

　　企业社会责任信息披露既是上市企业向社会公众和利益相关者展示上市企业在社会领域和环境领域等付出努力和取得成果的重要途径，也是社会公众了解和评估上市企业社会绩效的重要渠道。随着社会责任信息披露制度规定的相继出台，越来越多的上市企业开始披露社会责任信息。以往关于上市企业社会责任信息披露的研究往往将企业社会责任视作一个整体性的概念，忽略了企业社会责任的多维性。实际上，上市企业社会责任涉及上市企业与多个利益相关者群体之间的关系，如投资者、消费者、供应商、员工、政府和社区等。鉴于企业社会责任的多维性，上市企业在面临社会责任信息披露制度规定时，如何确定自身在社会责任多个领域中的披露范围和披露重点，制定符合自身发展的社会责任信息披露策略，成为学术界和业界共同关注的问题。进一步，上市企业的社会责任信息披露能否满足利益相关者的预期，进而如何影响企业自身的经济效益和社会效益，也是学术界和业界亟待解决的关键问题。为了解决这些问题，本书构建了一个上市企业社会责任信息披露的理论模型，分别探讨了上市企业社会责任信息披露的前因与后果。首先，本书基于制度理论的合法性管理成本视角，考察了社会责任信息披露制度规定对上市企业社会责任信息披露的影响，并探讨了企业知名度和市场竞争的调节作用。其次，基于工具性利益相关者视角，本书考察了上市企业社会责任信息披露对企业财务绩效和企业社会绩效的影响，并探讨了行业特征的调节作用。本书运用我国A股上市企业社会责任信息披露的数据对理论模型和假设检验进行了实证分析。本书的创新之处主要有三点。

第一，基于制度理论的合法性管理成本视角，本书揭示了社会责任信息披露制度规定同时给上市企业带来的合法性压力和经济成本，阐明了社会责任信息披露制度规定与上市企业社会责任信息披露之间的关系，从制度理论视角丰富了上市企业社会责任信息披露的前因变量，深化了对上市企业社会责任信息披露动机的理解。以往研究主要强调社会责任信息披露给上市企业带来的好处，忽略了社会责任信息披露给上市企业带来的成本。基于此，本书从制度理论的合法性管理成本视角出发，考察了社会责任信息披露制度规定对上市企业社会责任信息披露行为的影响。研究发现，当面临社会责任信息披露制度规定时，上市企业通过设置较大的社会责任信息披露范围以获得合法性，通过披露较少的社会责任重点信息以减少获取合法性的成本。本书指出，在面临社会责任信息披露制度规定时，上市企业会在社会责任信息的披露范围和披露重点之间进行权衡，以实现用最低成本获取合法性的目的。通过阐释社会责任信息披露制度规定对上市企业社会责任信息披露行为的影响，本书不仅拓展了上市企业社会责任信息披露行为的影响因素，同时也丰富了关于上市企业社会责任信息披露动机的研究。

第二，通过引入上市企业社会责任的披露范围和披露重点，本书探讨了上市企业在面临社会责任信息披露制度规定时如何在社会责任的多个领域以及相应领域的具体投入情况之间进行信息披露的权衡，填补了关于上市企业在社会责任涵盖的多个领域之间进行信息披露的研究不足，丰富了上市企业社会责任信息披露的研究视角。以往关于上市企业社会责任信息披露的研究往往将上市企业社会责任涵盖的多个领域视作一个整体，从整体性视角考察上市企业的社会责任信息披露行为，如上市企业社会责任信息披露的速度和质量等。少有研究注意到上市企业在社会责任涵盖的多个领域之间进行信息披露的策略，例如上市企业如何在涉及众多利益相关者群体的社会责任之间选择信息进行披露。鉴于企业社会责任是一个多维度的概念，涉及上市企业与投资者、消费者、供应商和员工等多个利益群体之间的关系，本书探讨了社会责任信息披露制度规定如何影响上市企业在社会责任涵盖的多个领域中进行信息披露选择，来填补这一研究空白。通过从企业社会责任信息披露范围和披露重点两个维度描述上市企业的信息披露选择，本书不仅深化了对上市企业在社会责任多个领域进行信息披露选择的理解，而且拓展了上市企业社会责任信息披露的研究视角。通过考察上市企业在多个利益相关者群体中的信息披露选择，本书也响应了以往研究关于从多个利益相关者群体视角研究企业社会责任的呼吁。

第三，基于工具性利益相关者视角，本书考察了上市企业社会责任信息披露对企业绩效的影响，丰富了上市企业社会责任信息披露的结果变量，将企业社会责任与企业绩效之间关系的研究对象从企业社会责任的履行转向了企业社会责任的信息披露，拓展了企业社会责任与企业绩效之间关系研究的视角，揭示了利益相关者在提升企业绩效方面发挥的关键作用。本书发现，上市企业社会责任信息披露中涉及的利益相关者群体范围越广，对利益相关者投入的资源越多，上市企业的财务绩效和社会绩效越好。当上市企业所在行业属于社会责任敏感性行业时，社会责任信息披露范围与企业财务绩效之间的正相关关系被削弱，社会责任信息披露重点与企业财务绩效之间的正相关关系被加强。当上市企业所在的行业环境较为动荡时，企业披露的社会责任范围和社会责任重点与企业社会绩效的正相关关系均被加强。这些发现指出了上市企业社会责任信息披露对于企业绩效的重要意义，同时也指出了利益相关者在上市企业社会责任信息披露中发挥的重要作用，丰富了上市企业社会责任信息披露结果变量的研究，将有助于推动上市企业更好地开展社会责任信息披露工作。

ABSTRACT

Corporate Social Responsibility (CSR) information disclosure is an important way for listed enterprises to demonstrate to the public and stakeholders the efforts they have made and the achievements they have attained in the social and environmental fields, etc. It is also an important channel for the public and stakeholders to learn and evaluate the social performance of listed enterprises. With the declaration of CSR information disclosure regulation one after another, more and more listed enterprises have started to disclose CSR information. Previous studies on CSR information disclosure tend to regard CSR as a holistic concept, ignoring the multidimensional nature of CSR. In fact, CSR involves the relationship between listed enterprises and multiple stakeholder groups, such as investors, consumers, suppliers, employees, the environment and communities. In view of the multidimensionality of CSR, how to determine the scope and emphasis of disclosure in multiple areas of CSR and to formulate a CSR disclosure strategy that is in line with the development of listed enterprises has become a common concern of academia and business community when listed enterprises are faced with the CSR disclosure regulations. Further, whether the social responsibility disclosure of listed enterprises can meet stakeholders' expectation and thus affect the economic and social performance of enterprise is also an urgent issue for academia and business community to solve. To address these issues, this book constructs a theoretical model of CSR disclosure and explores the antecedents and consequences of CSR disclosure respectively. First, based on the legitimacy management cost perspective of institutional theory, this book examines the impact of institutional pressure for CSR disclosure on the CSR disclosure and explores the moderating role of corporate visibility and market competition. Then, based on the instrumental stakeholder perspective, this book examines the impact of CSR disclosure on corporate financial performance and corporate social performance, and explores the moderating role of industry characteristics. This book empirically analyzes the theoretical model and hypothesis testing using data on CSR information disclosure of A-share listed enterprises in China. The innovations of this book are mainly the following three points.

First, based on the legitimacy management cost perspective of institutional theory, this book reveals that social responsibility information disclosureregulation brings both legitimacy pressure and economic cost to listed enterprises, clarifies the relationship between institutional regulation and CSR disclosure, enriches the previous antecedent variables on CSR disclosure from the institutional theory perspective, and deepens the understanding of the motivation of CSR disclosure. Previous studies on CSR information disclosure mainly emphasize the legitimacy benefits of disclosing social responsibility information to listed enterprises and ignore the costs of disclosing social responsibility information to listed enterprises. Based on this gap, this book examines the impact of CSR information disclosure regulation on CSR information disclosure from the perspective of legitimacy management cost of institutional theory. It is found that when faced with institutional regulation to disclose social responsibility information, firms disclose more CSR scope to gain legitimacy and less CSR emphasis to reduce costs. This book shows that when faced with institutional regulation to disclose social responsibility information, firms make a trade-off between CSR disclosure scope and emphasis in order to gain legitimacy at the lowest cost. By explaining the impact of institutional regulation on CSR disclosure, this book not only expands the influencing factors of CSR disclosure, but also enriches the research on the motivation of CSR disclosure.

Second, by introducing the disclosure scope and disclosureemphasis of CSR information, this book explores how listed enterprises can make information disclosure trade-offs between multiple areas of social responsibility and specific inputs in the corresponding areas when facing the social responsibility information disclosure regulation, which fills in the lack of research on the disclosure of information between multiple areas covered by listed enterprises' social responsibility, and enriches the research perspective of CSR information disclosure. Previous studies on CSR disclosure tend to view the multiple areas covered by CSR as a whole and to examine the CSR information disclosure from a holistic perspective, such as the speed and quality of CSR disclosure. Few studies examine how listed enterprises disclose information among the multiple areas covered by CSR, such as how listed enterprises make disclosure choices among the multiple stakeholder groups involved in social responsibility. Given that CSR is essentially a multidimensional concept involving the relationship between listed enterprises and multiple stakeholder groups such as investors, consumers, suppliers and employees, this book examines how institutional regulations on social responsibility disclosure affects listed enterprises' disclosure choices in multiple CSR areas to fill this research gap. By describing listed enterprises' social responsibility disclosure choices in terms of both the scope and the emphasis of CSR disclosure, this book not only deepens the understanding of listed enterprises' disclosure choices in multiple areas of social responsibility, but also expands the research perspective of CSR disclosure. By examining corporate social responsibility disclosure choices across multiple stakeholder groups, this book also responds to the call of previous studies for studying CSR from the perspective of multiple stakeholder groups.

Third, based on the instrumental stakeholder perspective, this book examines the impact of CSR disclosure on corporate performance, enriches the outcome variables of CSR disclosure, shifts the study of the relationship between CSR and corporate performance from CSR fulfillment to CSR information disclosure, expands the research perspective between CSR and corporate performance, and reveals that stakeholders play a key role in enhancing corporate performance. This book finds that the broader the scope of stakeholders involved in CSR disclosure and the more emphasis is put on stakeholders, the better the financial performance and social performance of the enterprise. When a firm belongs to a socially responsible sensitive industry, the positive relationship between the CSR scope and corporate financial performance is weakened, and the positive relationship between the CSR emphasis and corporate financial performance is strengthened. When a firm operates in a volatile industry environment, the positive relationships between both CSR scope and CSR emphasis and corporate social performance are strengthened. These findings point out the importance of CSR disclosure to corporate performance and the important role played by stakeholders in CSR disclosure, which enriches the study of CSR disclosure outcome variables and also helps to promote better CSR disclosure.

目　录

绪　论

一　研究上市企业社会责任信息披露的缘起

（一）现实背景

企业社会责任信息披露已经成为现代企业经营管理中的重要组成部分。随着数字通信和社交媒体的发展，上市企业与利益相关者之间的关系更加紧密，利益相关者也更容易获得上市企业披露的社会责任信息，从而对上市企业社会责任行为进行监督和施压（Luo et al.，2016）。一方面，以投资者为主的利益相关者群体可以通过减持或出售其持有的股票来惩罚上市企业不负责任的社会行为。例如，2019 年 4 月 30 日，上市公司康美药业表示在 2017 年年度报告中的财务数据存在错误①。2019 年 5 月 29 日，康美药业承认企业存在虚假交易记录和财务误报的问题②。自康美药业 2019 年 4 月 30 日披露财务违规行为后，公司的股票在连续三个交易日内收盘价格累计跌幅超过 20%③。另一方面，

① 资料来源：https://www.sse.com.cn/disclosure/listedinfo/announcement/c/2019 - 04 - 30/600518_20190430_3.pdf。
② 资料来源：https://www.sse.com.cn/disclosure/listedinfo/announcement/c/2019 - 05 - 29/600518_20190529_1.pdf。
③ 资料来源：https://www.sse.com.cn/disclosure/listedinfo/announcement/c/2019 - 05 - 08/600518_20190508_1.pdf。

以消费者为主的利益相关者群体，可以通过增加产品购买量来奖励上市企业的社会责任行为。例如，2021 年 7 月 21 日，鸿星尔克公司向河南省捐赠了 300 万元现金和价值 4700 万元的物资帮助遭遇洪水的灾民①。鸿星尔克公司的捐赠行为使这个一直默默无闻的体育品牌一夜之间成为互联网上的热点，这次捐赠直接导致 7 月 22 日鸿星尔克淘宝旗舰店的直播销售额突破 1.07 亿元，3 个抖音直播间的累计销售额超过 1.3 亿元②。由此可知，上市企业的利益相关者正通过奖励有社会责任感的上市企业和惩罚没有社会责任感的上市企业，逐步提升对上市企业社会责任行为的影响力。在这种趋势下，我国上市企业必然会在社会责任活动方面投入更多的资源，更加关注企业社会责任的披露情况。

根据中国上市公司协会发布的《2021 年度 A 股上市公司 ESG 信息披露情况报告》，2021 年我国披露社会责任信息的上市企业有 1366 家，占全部上市企业的 29.42%，同比增长 2.52%③。该报告指出，上市企业社会责任报告中绝大部分是使用语言文字对企业社会责任活动进行的定性描述，而使用具体数据对企业社会责任活动进行定量分析的报告仍然较少。与此同时，我国上市企业的社会责任信息披露还存在着行业分布不均衡和区域分布不均衡的情况，具体表现为金融行业和文体行业的企业社会责任信息披露程度较高，信息技术行业的企业社会责任信息披露程度较低，东部沿海等经济较为发达省份披露社会责任信息的企业数量远远多于中西部地区。该报告认为，虽然我国上市企业的社会责任信息披露意识有所提升，披露社会责任信息的上市企业数量也有所增长，但仍然存在着披露企业所占比例较低、披露内容有待改善、披露率不均衡等

---

① 资料来源：http://www.gongyishibao.com/newdzb/images/2021-11/09/08/GYSB08.pdf。

② 资料来源：http://www.gongyishibao.com/newdzb/images/2021-11/09/08/GYSB08.pdf。

③ 资料来源：https://www.capco.org.cn/sjfb/dytj/202208/20220831/j_2022083115295500016770778905273125.html。

问题。

　　我国上市企业社会责任信息披露从无至有的发展过程，离不开政府的大力支持与推动。2006年9月25日，深圳证券交易所率先引入上市企业社会责任机制，发布了《上市公司社会责任指引》，鼓励上市企业对股东、职工、供应商和消费者等利益相关方承担应尽之责，披露企业的社会责任信息。2007年12月5日，中国银监会发布《关于加强银行业金融机构社会责任的意见》，要求银行业金融机构切实履行社会责任，重视利益相关者的诉求，定期披露企业的社会责任信息。2007年12月29日，国务院国有资产监督管理委员会下发《关于中央企业履行社会责任的指导意见》，要求中央企业树立和深化社会责任意识，建立和完善社会责任机制，切实履行社会责任，定期披露企业的社会责任信息，报告企业社会责任履行现状，完善社会责任沟通机制。2008年5月14日，上海证券交易所发布《上市公司环境信息披露指引》，进一步细化了上市企业环境信息披露的规定，要求上市企业及时披露环保相关的重大事件以及对利益相关者可能造成的影响，对于不能及时披露环境信息的企业会采取一定的惩戒措施。随后，上海证券交易所和深圳证券交易所分别发布通知，进一步规范和细化了上市企业的社会责任信息披露要求。2008年12月30日，上海证券交易所要求"上证公司治理板块"的企业、发行外资股的企业和金融行业企业在年报中披露企业的社会责任信息，并鼓励其他有条件的上市企业披露社会责任信息。2008年12月31日，深圳证券交易所进一步要求纳入"深证100指数"的上市企业披露社会责任信息，同时也鼓励其他上市企业积极披露企业社会责任信息。

　　为了助力上市企业的高质量发展，改善上市企业在社会责任信息披露中存在的问题，适应上市企业的行业特点和发展现状，政府和相关机构近年来又陆续颁布并逐步完善了一系列社会责任信息披露政策法规、业务规则。2021 年 12 月 11 日，生态环境部发布了《企业环境信息依法披露管理办法》，要求涉及环境安全的企业健全环境信息披露制度，依法、及时、真实、准确、完整地披露企业环境信息，并且对于不披露环境信息、披露虚假环境信息的企业依法予以罚款和行政处罚。2022 年 1 月 7 日，上海证券交易所发布了《上市公司自律监管指引第 1 号——规范运作》文件，细化了对上市企业社会责任信息披露的要求，指定了上市企业社会责任信息披露的范围，鼓励上市企业披露每股社会贡献值、企业环境投入金额、环境税等具体信息，要求上市企业及时披露可能对利益相关者产生影响的重大环境事件。2023 年 2 月 10 日，深圳证券交易所修订了上市企业的信息披露指南，强化了对企业 ESG 信息的披露要求，进一步细化了重污染行业、食品行业、化工行业等事故易发行业的信息披露规定，推动上市企业更好地承担企业社会责任。

在社会责任信息披露的政策背景下，上市企业面临着多样化的信息披露选择。例如，中国工商银行在编制社会责任报告时，侧重于把社会责任观念与企业战略相融合，从上到下充分贯彻"企业公民"的理念，树立全体员工的社会责任意识，并引入社会责任对话机制，邀请利益相关者群体广泛参与。中国南方电网有限公司在编制社会责任报告时，较为注重企业社会责任信息披露质量以及企业社会责任报告的实质性、可读性和创新性，在信息披露中突出企业社会责任活动的重点和亮点，通过示意图等增强报告的可读性，形成鲜明的社会责任信息披露风格。中国东方航空股份有限公司在编写社会责任报告时，非常注重社会责任报告的内容和结构，通过引入联合国全球契约的十大原则以及全球报告倡议组织的披露标准，力求企业社会责任信息披露能够涵盖国际披露标准的相关条款。东芝集团在编写社会责任报告时，格外注重利益相关者的参与，通过评估利益相关者所关心事项的重要性来编写企业的社会责任报告。

同时，虽然政府指定了多个需要披露的企业社会责任领域，但并没有强制规定企业披露社会责任信息的标准（Luo et al.，2017）。也就是说，上市企业有相当大的自由裁量权来决定是否披露企业在某个社会责任领域的履行情况以及企业在该社会责任领域投入资源的程度。那么，当面临社会责任信息披露制度规定时，上市企业会如何选择社会责任信息披露的领域、如何决定在相应社会责任领域的具体投入？利益相关者会如何影响社会责任信息披露制度规定与上市企业社会责任信息披露行为之间的关系？这是本书关注的重要问题。

随着 ESG 理念的深入推进，政府大力支持上市企业在发展中兼顾经济目标与社会目标，注重多方利益相关者的诉求，及时披露上市企业的社会责任信息。在这种趋势下，上市企业在经营实践中不仅要重视企业社会责任的履行，更要将企业的社会责任履行情况及时地向利益相关者进行披露。正所谓"酒香也怕巷子深"，是指即使上市企业在社会责任履行方面投入了较多的资源，取得了良好的成绩，如果缺乏有效的信息披露，利益相关者也难以了解到企业在社会责任信息披露方面取得的成绩。例如，2021 年 10 月 5 日，山西省多地发生严重洪涝灾害，多家上市企业向受灾地区捐赠了现金和物资并在社交媒体上披露了企业的捐赠信息。在众多捐赠的企业中，鸿星尔克公司向山西省捐赠了 2000 万元的物资但是并未披露捐赠信息，直到受灾地区群众发布视频后，社会大众和利益相关者才知晓鸿星尔克公司的捐赠行为[①]。当企业向灾区捐赠的信息被公开后，鸿星尔克公司的社会形象和声誉均得到了较大幅度的提升，消费者这一利益相关者群体用实际购买行动支持了鸿星尔克公司积极承担社会责任的行为。

同样地，当上市企业经营活动违反社会责任并且损害利益相关者

---

① 资料来源：https://news.stcn.com/sd/202110/t20211011_3745340.html。

的利益时，企业也应当及时地进行信息披露，尽可能将对利益相关者的损害程度降至最低。然而，上市企业社会责任信息披露的重要性在企业的经营实践中经常被低估甚至被忽视。例如，2010 年 7 月 3 日，上市企业紫金矿业集团股份有限公司（简称"紫金矿业"）发生了含铜酸性废水渗漏事故。直到 2010 年 7 月 12 日，紫金矿业才向外界披露企业发生的污染事故。污染信息延迟披露的 9 天内，导致矿场下游的水域严重污染，给渔业养殖户造成了上千万元的直接损失①。泄漏事故发生以后，紫金矿业的股价一路下跌，并且遭到了利益相关者和社会公众的严厉谴责，企业的财务绩效和社会形象均受到了严重的负面影响。鸿星尔克公司和紫金矿业的案例表明，上市企业社会责任信息披露往往会受到利益相关者的关注，影响利益相关者对于企业的态度和行为，进而对企业整体的经济效益和社会效益造成影响。那么，上市企业社会责任信息披露对企业财务绩效和企业社会绩效产生影响的机制是什么？利益相关者如何影响企业社会责任信息披露行为与企业绩效之间的关系？这也是本书关注的焦点问题。

（二）理论背景

企业在社会中发挥的作用一直是商业实践、学术研究以及社会媒体中受到热烈讨论的话题。21 世纪初，安然公司财务造假丑闻曝出后，美国资本市场相继曝光了一系列道德丑闻。此后，公众对企业承担社会、环境和道德责任的呼声越来越高，超越了企业狭隘的经济责任。各种利益相关者，如投资者、员工和客户等开始要求企业披露在社会、企业治理和环境领域履行社会责任的信息。美国立法机构随后也颁布了著名的《萨班斯-奥克斯利法案》，在企业社会责任信息披露方面制定了许多新规定，以保护投资者和其他利益相关者的利益。

---

① 资料来源：https://www.gov.cn/jrzg/2013-06/19/content_2428840.htm。

上市企业社会责任信息披露是指上市企业对其在财务绩效指标以外的社会、环境和企业治理信息的系统性披露（Schreck，2013）。现有研究从制度理论视角探讨了社会责任信息披露制度规定对企业社会责任履行行为的影响。一部分研究考察了社会责任信息披露制度规定对企业社会责任活动参与的影响。Jackson 等（2020）基于 24 个 OECD 国家的数据考察了强制性非财务信息披露对企业社会责任活动的影响，他们发现社会责任信息披露制度规定一方面提高了企业社会责任活动的参与水平，并且对以前社会责任参与较少的企业影响更大；另一方面也导致同一个国家内社会责任活动的同质化，缩小了企业之间社会责任履行水平的差距。Aragòn-Correa 等（2020）深入回顾了强制性监管压力与企业环境行为的相关文献，相关领域的文献都证实政府的社会责任信息披露制度是改变企业环境战略和环境绩效最有效的工具。这些研究表明，社会责任信息披露制度规定确实促进了企业开展社会责任履行活动。

另一部分研究考察了社会责任信息披露制度规定对企业财务绩效的影响。Chen 等（2018）基于中国上市企业的数据考察了社会责任信息披露制度规定对企业财务绩效和企业行为外部性的影响，研究发现社会责任信息披露制度规定以牺牲股东利益为代价产生了正外部性。Grewal 等（2019）考察了欧盟发布的非财务信息披露规定对上市企业股票市场的影响，研究表明社会责任信息披露制度规定给企业社会绩效表现较差和社会责任信息披露水平较低的上市企业带来了净成本，同时给企业社会绩效表现良好和社会责任信息披露水平较高的上市企业带来了净收益。Bhattacharyya 和 Rahman（2019）基于印度企业的数据考察了社会责任信息披露制度规定对企业绩效的影响，他们发现企业社会责任信息披露制度规定与公司业绩正相关，而且企业社会责任信息披露制度规定带来的社会责任支出导致了公司业绩的改善。还有一部分研究考察了社会责任信息披露制度规定对企业社会责任信息披露策略的影响。例如，Marquis 和 Qian（2014）的研究认为，在面临社会责任信息披露制度规定时，追求合法性的企业往往会发布表征性的企业社会责任报告，受到政府更严格监督的企业更愿意发布实质性的企业社会责任报告。Luo 等（2017）研究发现，在面临中央政府和地方政府对企业社会责任信息披露的冲突性制度规定时，企业往往会快速发布质量较低的社会责任报告。

尽管这些研究考察了社会责任信息披露制度规定对上市企业社会责任参与、企业社会绩效、企业财务绩效以及企业社会责任信息披露策略的影响，但存在以下不足之处。

第一，上述研究几乎没有关注到上市企业社会责任信息披露行为在应对制度规定以及影响企业绩效方面发挥的作用。具体而言，上市企业社会责任信息披露既是企业响应制度规定最直接的产物，同时也是利益相关者评估上市企业绩效的关键依据。一方面，作为信息披露制度最直接的产物，企业的社会责任信息披露行为反映了上市企业对制度规定的响应程度。通过探讨制度规定对上市企业社会责任信息披露行为的影响，能够揭开制度规定与上市企业社会责任信息披露行为之间的"黑匣子"，更加深入地理解和评估社会责任信息披露制度在促进上市企业社会责任信息披露方面发挥的作用。然而，少有研究关注社会责任信息披露制度对上市企业社会责任信息披露行为的影响。在为数不多的研究中，Wang 等（2018b）基于中国的上市企业样本考察了制度规定对企业财务信息披露的影响，他们发现社会责任信息披露制度规定降低了企业的盈余管理水平，改善了企业财务报告信息的质量。尽管这项研究指出社会责任信息披露制度改善了上市企业财务报告信息的质量，但该研究对社会责任信息披露制度规定影响上市企业社会责任信息披露行为的机制仍未讨论清楚。因此，有必要探讨社会责任信息披露制度规定对上市企业社会责任信息披露行为的影响机制。另一方面，上市企业社会责任信息披露也是利益相关者了解和评估上市企业履行社会责任情况的重要渠道。对于上市企业来说，企业披露的信息能够帮助上市企业吸引重视社会责任的利益相关者群体，赢得他们的信任与支持，从而影响上市企业的财务绩效和社会绩效。根据金蜜蜂的调查报告，大部分上市企业在编制社会责任报告时会优先考虑利益相关者的诉求，将利益相关者关注的事项放在首位。考察上市企业社会责任信息披露行为对企业绩效的影响，能够帮助上市企业更好地评估企业社会责任信息披露在利益相关者心中的重要程度，从而帮助上市企业选择最合适的社会责任信息披露策略。然而，鲜有研究关注上市企业社会责任信息披露对企业绩效的影响。基于此，本书探讨了上市企业社会责任信息披露对企业财务绩效和企业社会绩效的影响。

第二，尽管上述研究考察了上市企业在面临社会责任信息披露制度规定时的披露策略，但这些研究多从企业社会责任的整体性视角出发，将社会责任涵盖的多个领域视作一个整体，并将注意力集中在企业社会责任信息的整体披露策略上，如披露质量和速度，忽略了社会责任的多维复杂性。鉴于企业社会责任是一个复杂的、多维度的概念，涉及企业与多个利益相关者群体的互动（Wang et al.，2020；Zhang et al.，2020c），如客户、员工、供应商、社区等，而且企业社会责任的多维性使上市企业能够有目的地从多个企业社会责任领域中选择最有利于自身的信息加以披露，平衡利益相关者之间的诉求，从而赢得利益相关者的支持。因此从社会责任的多维视角考察上市企业社会责任信息披露行为就极为重要。然而，很少有研究关注社会责任信息披露制度规定如何影响上市企业在社会责任多个领域的信息披露行为。因此，本书在探讨社会责任信息披露制度规定对上市企业社会责任信息披露行为的影响时，重点关注社会责任信息披露制度规定如何影响上市企业在社会责任多个领域间选择信息并披露的策略。

第三，上述研究几乎没有关注到利益相关者在上市企业社会责任信息披露中发挥的作用。一方面，作为上市企业社会责任信息披露的核心受众，利益相关者的压力无疑会影响上市企业对社会责任信息披露制度规定的响应。然而，少有研究关注到利益相关者压力在上市企业回应社会责任信息披露制度规定中发挥的作用。另一方面，上市企业社会责任信息披露能否进一步转化为企业效益取决于利益相关者是否支持，因而有必要探讨利益相关者在上市企业社会责任信息披露行为与企业绩效之间发挥的作用。因此，基于利益相关者视角，本书首先考察了利益相关者压力在社会责任信息披露制度规定与上市企业社会责任信息披露行为之间发挥的调节作用，接着考察了利益相关者预期在上市企业社会责任信息披露行为与企业绩效之间产生的调节效应（或调节作用）。

二　研究问题和研究意义

（一）研究问题

基于上述研究背景与对现有文献不足之处的分析，本书构建了一个研究模型，首先考察了社会责任信息披露制度规定对上市企业社会责任信息披露行为的影响，继而考察了上市企业社会责任信息披露行为对企业绩效的影响。在第一阶段，从制度理论的合法性管理成本视角出发，本书探讨了社会责任信息披露制度规定对上市企业社会责任信息披露范围和披露重点的影响，以及利益相关者压力（企业知名度和市场竞争）的调节效应。在第二阶段，基于工具性利益相关者视角分别探讨了上市企业社会责任信息披露（披露范围和披露重点）对企业财务绩效和企业社会绩效的影响，以及利益相关者预期的调节作用。具体来讲，本书围绕上市企业社会责任信息披露的前因与后果，探讨了如下四个研究问题。

第一，社会责任信息披露制度规定如何影响上市企业社会责任信息披露行为？如前所述，现有文献往往直接考察社会责任信息披露制度规定对上市企业财务绩效和社会绩效造成的影响，忽视了上市企业应对信息披露制度的最直接产物——企业社会责任信息披露行为。企业社会责任是一个多维度的概念，涉及消费者、投资者和供应商等利益相关者群体，上市企业在面临社会责任信息披露制度规定时拥有较高的自由裁量权，可以自主选择社会责任的披露领域和披露重点。那么，面临社会责任信息披露制度规定时，上市企业会如何做出最佳的社会责任信息披露决策呢？制度理论指出，企业通过遵守制度规范可以获得合法性和资源等优势，但遵守制度规范往往也会与企业现有的组织结构产生冲突，损害企业的经济效率（Meyer and Rowan，1977；DiMaggio and Powell，1983）。制度理论的合法性管理成本视角进一步指出，企业在面临社会责任信息披露制度规定时往往会战略性地管理企业追求合法性的成本，以平衡追求合法性和企业经济效率之间的矛盾（Jeong and Kim，2019）。基于该视角，本书认为：当上市企业面临社会责任信息披露制度规定时，会设置较大的社会责任信息披露范围来获得合法性，披露较少的社会责任重点信息来降低披露成本。

第二，利益相关者压力如何影响上市企业对社会责任信息披露制度规定的响应？鉴于信息披露制度要求上市企业披露涉及多个利益相关者群体的企业社会责任履行举措，利益相关者压力势必会影响上市企业对信息披露制度规定的响应。然而，以往研究往往从内部视角出发，关注企业自身特征如何影响上市企业对社会责任信息披露制度规定的响应，忽视了外部的利益相关者压力如何影响上市企业对社会责任信息披露制度规定的响应。基于此，本书引入了企业知名度和市场竞争作为社会责任信息披露制度规定与上市企业社会责任信息披露的边界条件。本书认为：（1）当企业知名度较高时，上市企业面临的合法性压力来自多个利益相关者群体，因此上市企业会设置较大的社会责任信息披露范围以平衡多个利益相关者的压力,而披露较少的社会责任重点信息以降低企业的社会责任信息披露成本;(2)当上市企业所在的市场竞争激烈时,上市企业面临着来自关键少数利益相关者的合法性压力和紧迫的生存威胁,因此上市企业会同时扩大社会责任信息披露范围和社会责任重点信息披露规模,以获得关键利益相关者的支持。

第三,上市企业社会责任信息披露如何影响企业绩效?如前所述,上市企业在编制社会责任报告时往往会关注和回应利益相关者的诉求,通过披露相关信息来获得利益相关者的支持。那么,上市企业社会责任信息披露能否有效回应利益相关者的诉求,赢得利益相关者的支持,从而提升企业绩效呢?本书认为,上市企业设置的社会责任信息披露范围越广,就能获得越多利益相关者的支持,企业的财务绩效和社会绩效就越好;上市企业披露的社会责任重点信息越多,产生的社会影响力越大,就能得到利益相关者越强烈的支持,企业的财务绩效和社会绩效就越好。

第四,利益相关者预期如何影响上市企业社会责任信息披露与企业绩效的关系?上市企业社会责任信息披露对企业绩效的影响取决于利益相关者对企业的态度,而利益相关者对上市企业的态度往往会随着行业环境的变化而发生变化。那么,在哪些情况下,利益相关者更愿意重视上市企业社会责任信息披露呢?为了解决这个问题,本书引入社会责任敏感性行业作为上市企业社会责任信息披露与企业财务绩效的边界条件,同时引入行业动荡性作为上市企业社会责任信息披露与企业社会绩效的边界条件。本书认为:(1)当上市企业所在的行业为社会责任敏感性行业时,上市企业设置的社会责任信息披露范围越广,越难以获得利益相关者的支持,因而社会责任敏感性行业会弱化企业社会责任信息披露范围与企业财务绩效的正相关关系;(2)当上市企业所在的行业为社会责任敏感性行业时，上市企业披露的社会责任重点信息越多，越能获得利益相关者的支持，因而社会责任敏感性行业会强化企业社会责任信息披露重点与企业财务绩效的正相关关系；（3）当上市企业所在行业环境动荡时，上市企业设置的社会责任信息披露范围越广，就能得到越多利益相关者的支持，因而行业动荡性会强化企业社会责任信息披露范围与企业社会绩效的正相关关系；（4）当上市企业所在行业环境动荡时，上市企业社会责任重点信息披露越多，就能得到利益相关者越强烈的支持，因而行业动荡性会强化企业社会责任信息披露重点与企业社会绩效的正相关关系。

（二）研究意义

1. 理论意义

第一，在社会责任信息披露政策的制度背景下，本书揭示了社会责任信息披露制度规定同时给上市企业带来的合法性压力和经济成本，深化了对上市企业社会责任信息披露动机的理解。现有研究直接考察了社会责任信息披露制度规定对上市企业财务绩效和社会绩效的影响，忽视了上市企业应对社会责任信息披露制度规定的直接产物。因此，本书探讨了社会责任信息披露制度规定对上市企业社会责任信息披露行为的影响。通过提出并验证社会责任信息披露制度规定对上市企业社会责任信息披露行为的影响，本书不仅丰富了上市企业社会责任信息披露行为的影响因素，同时也拓展了上市企业社会责任信息披露动机的研究。

第二，通过引入上市企业社会责任的披露范围和披露重点，本书探讨了上市企业在面临社会责任信息披露制度规定时如何在社会责任的多个领域以及相应领域的具体投入情况之间进行信息披露的权衡。以往关于上市企业社会责任信息披露的研究往往将企业社会责任视作一个整体，从社会责任的整体性视角考察企业社会责任信息披露的速度和质量等，忽视了企业社会责任的多维本质，即企业社会责任涉及多个利益相关者群体。为了填补这一空白，本书提出并验证了社会责任信息披露制度规定对上市企业社会责任信息披露范围和披露重点的影响。通过考察社会责任信息披露制度规定对上市企业在社会责任多个领域信息披露选择的影响，本书不仅拓展了上市企业社会责任信息披露的研究视角，也响应了以往研究关于从多个利益相关者群体研究企业社会责任的呼吁。

第三，本书基于工具性利益相关者视角，提出并验证了利益相关者压力对于上市企业社会责任信息披露行为与企业绩效之间关系的调节作用，有助于上市企业评估信息披露的效果，更好地开展信息披露工作。如上所述，上市企业在社会责任信息披露的选择上具有较大的自由裁量权，这也使得上市企业难以确定最佳的信息披露策略。本书分别探讨了企业社会责任信息披露范围和披露重点对于上市企业财务绩效和社会绩效的影响，有助于管理者基于不同的绩效需求更好地评估和选择上市企业的社会责任信息披露策略。进一步，本书探讨了社会责任敏感性行业和行业动荡性在上市企业社会责任信息披露行为与企业绩效之间的调节作用，有助于处在不同行业环境的上市企业有针对性地选择企业社会责任信息披露策略。

2. 实践意义

第一，本书的研究结论为上市企业管理者战略性应对社会责任信息披露制度规定提供了启示。当上市企业面临社会责任信息披露制度规定时，企业管理者面临双重困境：一方面要考虑披露社会责任信息获得合法性，另一方面要结合企业实际经营状况控制企业社会责任信息披露的成本。本书的研究结论启示上市企业管理者可以战略性地回应政府的社会责任信息披露制度，即设置较大的社会责任信息披露范围并披露较少的社会责任重点信息来维持合法性和披露成本的平衡。

第二，本书指出上市企业管理者应当认真对待企业社会责任信息披露，将社会责任信息披露作为赢得利益相关者支持和提升企业绩效的关键武器。研究结果表明，企业社会责任信息披露范围的扩大和披露重点的增加对企业财务绩效和社会绩效均产生了积极影响。上市企业应当重视信息披露工作，将其作为管理利益相关者预期、维护与利益相关者关系和赢得利益相关者支持的重要途径，从而提升上市企业的财务绩效和社会绩效。

第三，上市企业管理者应该重视利益相关者在企业社会责任信息披露中发挥的关键作用。随着互联网技术的发展，上市企业与利益相关者的距离拉近，利益相关者能够通过网络对企业行为施加即时、直接和强大的压力。一方面，上市企业在披露社会责任信息前，应当充分考虑利益相关者的诉求，通过在信息披露中回应利益相关者的诉求来管理企业在利益相关者心中的形象。另一方面，上市企业在披露相关信息后，应当善用利益相关者的力量，促进企业社会责任信息披露效用的最大化。

第四，本书提出，政策制定者可以通过实施财政补贴或税收减免等激励措施帮助上市企业降低信息披露的成本，从而鼓励上市企业披露高质量社会责任信息。研究结果表明，虽然社会责任信息披露制度规定促进了上市企业扩大社会责任信息的披露范围，但企业社会责任重点信息的披露还有较大提升空间。这是因为上市企业披露高质量社会责任信息的成本超过了企业可能获得的合法性利益。本书指出，政策制定者应该充分评估上市企业社会责任信息披露的成本，采取措施帮助上市企业降低披露高质量社会责任信息的成本，实现政策效果的最大化。

三　研究内容、方法与框架

（一）研究内容

本书以上市企业社会责任信息披露为切入点，围绕社会责任信息披露制度规定、上市企业社会责任信息披露行为以及企业绩效三者之间的关系，探讨了上市企业社会责任信息披露的前因与后果。基于前文提出的研究问题，本书的主要内容分为以下两个部分。

第一，上市企业社会责任信息披露的前因。在我国上市企业社会责任信息披露的政策背景下，制度规定成为影响上市企业披露社会责任信息的主要因素。当上市企业面临社会责任信息披露制度规定时，企业一方面要披露社会责任信息来满足政府的制度要求从而获得合法性，另一方面也要考虑披露社会责任信息可能给企业带来的成本。因此，在面临社会责任信息披露制度规定时如何权衡合法性压力和披露成本，是上市企业亟待解决的问题。本书基于我国上市企业社会责任信息披露的制度背景，从制度理论的合法性管理成本视角分析社会责任信息披露制度规定对上市企业社会责任信息披露范围和披露重点的影响，并考察企业知名度和市场竞争对社会责任信息披露制度规定与企业社会责任信息披露范围和披露重点之间关系的调节效应。

第二，上市企业社会责任信息披露的后果。上市企业的社会责任信息披露如何满足利益相关者对企业社会责任信息披露的预期，进而转化为企业的经济效益和社会效益，是上市企业在社会责任信息披露实践中迫切需要解决的问题。本书在探讨上市企业社会责任信息披露前因的基础上，进一步探讨了上市企业社会责任信息披露给企业经济效益和社会效益带来的影响。具体而言，本书从工具性利益相关者视角分析了上市企业社会责任信息披露范围和披露重点对企业财务绩效的影响，并考察了社会责任敏感性行业对上市企业社会责任信息披露范围和披露重点与企业财务绩效之间关系的调节效应。同时，本书基于利益相关者视角分析了上市企业社会责任信息披露范围和披露重点对企业社会绩效的影响，并探讨了行业动荡性对上市企业社会责任信息披露范围和披露重点与企业社会绩效之间关系的调节效应。

（二）研究方法

本书主要采用文献研究、理论推演和实证研究三种方法。

文献研究法是指通过查阅、分析、评估和总结学术文献，以深入了解一个特定研究主题的方法。文献研究可以帮助研究人员了解特定主题的研究历史、研究现状、发展趋势和未来可能的研究方向，同时也能够帮助研究人员明确现有研究的不足之处，发现新的研究问题，为开展新的研究奠定基础。第一，本书基于制度规定、企业社会责任信息披露、企业绩效等主题，通过 Google Scholar、Web of Science、EBSCO、CNKI 等专业期刊数据库获取大量相关主题的文献，并对获取的文献进行分析、整理和归纳，在文献阅读的基础上梳理上市企业社会责任信息披露的相关研究，挖掘已有研究的不足之处，为本书的研究内容找到切入点。第二，在文献阅读的基础上，本书的文献综述部分首先对主要运用的理论——制度理论和利益相关者理论的相关研究进行了系统性的梳理与归纳，并对研究企业社会责任信息披露前因和后果的文献进行了归纳整理和评述。第三，在文献评述的基础上，本书构建了理论模型。第四，基于现有文献的研究，本书确定了核心概念的测量方式，并开展了相应的研究设计。第五，通过将本书的研究结果与现有文献的研究结论进行对比，本书明确了理论贡献。综上，本书所有章节均用到了文献研究法。广泛查阅和归纳整理上市企业社会责任信息披露等领域相关文献的工作，为本书的问题提出、理论综述、假设提出、研究设计和结果讨论部分奠定了坚实的研究基础。

理论推演法是在研究问题的基础上，通过对理论的梳理来构建变量之间因果关系的方法。首先，在对现有研究进行归纳整理的基础上，本书的第二章构建了一个企业社会责任信息披露的理论模型，考察上市企业如何响应政府的社会责任信息披露制度规定以及上市企业社会责任信息披露行为对企业绩效的影响。具体内容体现在本书第二章第二节的理论模型构建部分。其次，本书采用理论推演法，基于制度理论的合法性管理成本视角，分析制度规定与企业社会责任信息披露行为之间的逻辑关系，并从利益相关者压力视角引入企业知名度和市场竞争作为理论分析的边界条件。具体内容体现在本书第二章第三节的制度规定与上市企业社会责任信息披露的理论分析部分。最后，本书采用理论推演法，基于工具性利益相关者视角，分析企业社会责任信息披露行为与企业财务绩效和企业社会绩效之间的逻辑关系，并从利益相关者预期视角引入社会责任敏感性行业和行业动荡性作为理论分析的边界条件。具体内容体现在本书第二章第四节的上市企业社会责任信息披露与企业绩效的理论分析部分。

实证研究法是指通过实验、调查、观察等方法来收集数据，并使用统计分析技术对数据进行分析和解释，以验证或否定特定假设，并得出研究结论的一种科学研究方法。本书的第三章和第四章均采用了实证研究的分析方法。具体操作层面，本书从国泰安（CSMAR）数据库、中国研究数据服务平台（CNRDS）数据库、润灵环球（RKS）官网和证券交易所官网，收集了 2008~2018 年披露社会责任信息的 A 股上市企业作为研究样本。根据豪斯曼（Hausman）检验的数据结果，本书采取固定效应模型对研究模型中的变量关系进行回归分析，从而检验相关的研究假设。

（三）研究框架

本书构建了一个上市企业社会责任信息披露的研究模型，以上市企业社会责任信息披露为切入点，探讨社会责任信息披露制度规定如何影响上市企业在社会责任多个领域的信息披露选择，并进一步探讨上市企业社会责任信息披露行为对企业财务绩效和社会绩效的影响。围绕这一研究主题，本书的章节内容具体安排如下。

绪论。本章首先从上市企业社会责任信息披露的现实背景和理论背景出发，提出本书的研究问题；其次，阐述本书的研究意义；最后，总结了本书的研究内容、研究方法与研究框架。

第一章：理论基础与文献评述。本章首先介绍了本书的理论基础：制度理论和利益相关者理论。其次，介绍了社会责任信息披露的概念和影响因素，并对相关文献进行了评述。再次，对企业绩效的研究进行了综述，梳理评述了企业财务绩效和企业社会绩效的相关研究。最后，对现有文献进行了总结，明确了目前研究存在的不足，为本书的研究框架奠定基础。

第二章：上市企业社会责任信息披露的模型构建与理论分析。本章首先介绍了本书理论模型设计的关键概念；其次，梳理了现有研究的局限性，分析了本书的研究思路，阐述了本书概念框架的提出依据；最后，提出了本书的若干研究假设。

第三章：制度规定与上市企业社会责任信息披露的实证研究。本章首先介绍了研究的数据来源和样本选择。其次，依据现有文献确定了实证研究中变量的测量方式。再次，介绍了构建的回归模型。最后，汇报了实证研究数据结果以及稳健性检验结果，并汇总了假设检验结果。

第四章：上市企业社会责任信息披露与企业绩效的实证研究。本章首先介绍了研究的数据来源和样本选择。其次，确定了实证研究中所有变量的测量方式。再次，介绍了构建的回归模型。最后，汇报了实证研究数据结果以及稳健性检验结果，并汇总了假设检验结果。

第五章：上市企业社会责任信息披露研究的结果讨论。本章讨论了所有假设检验的结果，并分析了这些研究结果对于管理实践的启示。

第六章：结论与展望。本章首先介绍了本书的主要研究结论；其次，阐述了本书的理论创新点；最后，阐明了本书的研究局限与未来的研究方向。

基于上述的章节内容安排，本书构建了如图 0-1 所示的研究框架。

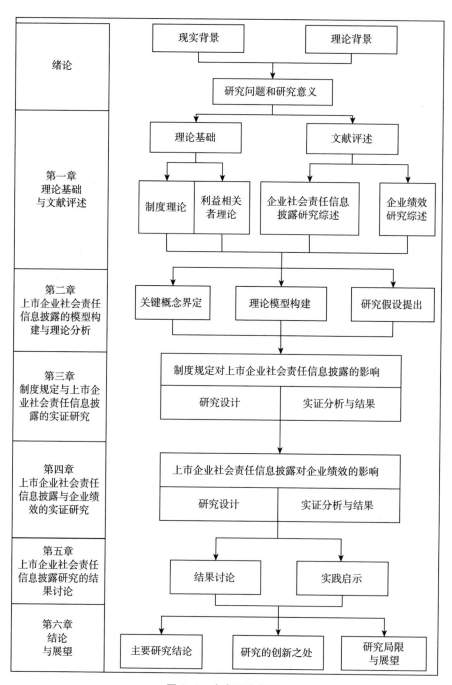

图 0-1　本书研究框架

| 第一章 |

理论基础与文献评述

本章首先对本书的理论基础，即制度理论和利益相关者理论进行了回顾与梳理。其次，通过对企业社会责任信息披露以及企业绩效的相关研究进行回顾与评述，剖析现有研究的不足之处，作为本书构建研究模型和提出发展创新点的理论基础。

第一节 制度理论的基本内容与相关研究

一 制度理论的内容与发展

关于制度理论（Institutional Theory）的讨论最早起源于 Meyer 和 Rowan（1977）在《美国社会学杂志》上发表的一篇文章。Meyer 和 Rowan（1977）讨论了正式组织结构和制度化规则之间的关系，他们认为正式的组织结构是制度化规则的一种体现，而制度化规则的出现往往是因为组织结构的不断扩张和复杂程度的日益提升。为了形象地描述制度化规则对组织结构发挥的作用，Meyer 和 Rowan（1977）将其比喻为"神话"（Myth）。具体而言，组织通过将制度化元素纳入组织结构中，可以获得合法性、资源、稳定性和更高的生存概率。最初的组织结构往往是以技术生产为导向，由于技术发展、产品生产交换的需求而形成的一种结构。在制度化规则出现后，组织的结构清一色地变成了与制度规则相适应的同质化结构。制度化的组织结构虽然能够为组织带来合法性和资源，但也造成了组织结构与原本生产活动的脱钩，降低了组织结构的协调性和控制效率，损害了组织的生产效率。

在制度理论的发展中，DiMaggio 和 Powell（1983）探讨了组织同构化的原因。DiMaggio 和 Powell（1983）认为，制度禁锢了组织的自主行为，因此他们将制度比喻为"铁笼子"。他们将组织同构化的过程分为三类：强制、模仿和规范。强制同构发生在组织与资源供应者之间：当组织依赖于特定的资源供应者时，供应者可以通过控制资源的分配来迫使组织采取特定的行为和结构。模仿同构发生在组织与组织之间：当一个组织看到其他类似组织采取某种行为或结构时，它可能会模仿这些行为或结构以获得类似的结果。规范同构发生在社会和文化环境中：当一种特定类型的行为或结构被社会视为"正确"的或"合适"的，其他组织可能会受到压力来采取相似的行为或结构以符合社会期望。最后，DiMaggio 和 Powell（1983）总结了组织同构化的影响因素，指出资源集中度与依赖度、目标模糊性和技术不确定性、专业化和结构化都会导致组织结构的同构化。

随着制度理论的发展，学者们开始探讨制度理论在解释组织行为方面潜在的局限性。例如，Oliver（1991）从组织情境和组织动机两个方面出发，对比了制度视角和资源依赖视角在解释组织应对外部压力时的趋同观点和分歧观点，挑战了组织一味遵守和顺从制度规定的前提假设。从组织情境来看，制度理论和资源依赖理论一致认为，组织的选择受到各种外部压力的限制，组织必须对外部需求和期望做出反应才能生存，但制度理论强调对外部环境和期望的遵守与服从，资源依赖理论强调对环境的适应和控制。从组织动机来看，制度理论和资源依赖理论都承认组织是利益驱动的，试图追求稳定性和合法性，但制度理论强调遵守外部规范和标准的好处，资源依赖理论侧重于不遵守外部规范的好处。表 1-1 展示了 Oliver（1991）对制度理论视角和资源依赖理论视角的对比结果。

表 1-1　Oliver 关于制度理论视角和资源依赖理论视角的比较

制度理论视角与资源依赖理论视角趋同观点		制度理论视角与资源依赖理论视角分歧观点	
		制度理论视角	资源依赖理论视角
组织行为的背景	组织的选择受到多种外部压力的制约	制度环境	任务环境
		非选择行为	主动选择行为
	组织环境是集体的、相互联系的	遵守集体规范和信仰	应对相互依存的关系
		无形的压力	有形的压力
	组织的生存取决于对外部需求和期望的反应能力	同构性	适应性
		遵守规则和规范	管理稀缺资源
	组织寻求稳定和可预测性	组织的持久性	减少不确定性
		习惯和惯例	权力和影响力
组织行为的动机	组织寻求合法性	社会价值	资源调动
		遵守外部标准	控制外部标准
	组织是利益驱动的	利益由制度规定	利益的政治性和可计算性
		合规自利	不合规自利

资料来源：笔者根据 Oliver（1991）的文献整理归纳。

在组织拥有自主权的前提下，Oliver（1991）提出了组织应对外部制度要求的五种反应类型，从被动服从到积极应对，依次是服从（Acquiescence）、妥协（Compromise）、回避（Avoidance）、反抗（Defiance）和操纵（Manipulation）。Oliver（1991）又进一步细分了每一种反应类型，划分出十五种组织应对制度要求的策略。首先，一般情况下，组织会服从制度规定以获得合法性和社会支持。组织对制度规定的服从主要有三种形式：习惯、模仿和遵守。其次，当组织面临冲突的制度要求或者制度期望与组织目标不符合时，组织会采取权衡、安抚和讨价还价的妥协策略。再次，一些情况下，组织通过掩饰、缓冲和逃避的策略来回避组织面临的制度要求和期望。从次，当组织认为抗争的成本较低时，便会直接反抗制度规定。反抗有三种类型：拒绝、挑战和攻击。最后，在特定情况下，组织可以选择与制度的主体进行合作来应对外界压力，这便是操纵策略。操纵有三种形式：拉拢、影响和控制。表 1-2 展示了 Oliver（1991）提出的组织响应制度规定时可能采取的策略。

表 1-2　Oliver 关于组织对制度化进程的应对策略

战略	战术	实例
服从	习惯	遵守无形的、理所当然的规范
	模仿	模仿制度模式
	遵守	遵守规则和服从规范
妥协	权衡	平衡多个制度主体的期望
	安抚	迁就制度要素以达到安抚目的
	讨价还价	与制度方的利益相关者进行谈判
回避	掩饰	掩饰不遵守规范的行为
	缓冲	与制度元素脱钩
	逃避	改变目标、活动或领域
反抗	拒绝	无视制度规范和价值信仰
	挑战	对规则和要求提出疑问
	攻击	抨击制度压力的价值观
操纵	拉拢	拉拢有影响力的制度成员
	影响	影响制度价值观和评价标准
	控制	支配制度主体成员和制度过程

资料来源：笔者根据 Oliver（1991）的文献整理归纳。

在此基础上，制度理论领域又展开了一场关于新旧制度主义，即"结构与动力"的争论（Hirsch and Lounsbury，1997）。争论的焦点问题是：组织行为到底是社会结构的产物还是组织能动性的产物？一方面，以结构主义为代表的旧制度主义认为，组织行为是社会结构的产物。组织为了追求合法性，不断从外界环境中吸收和模仿其他组织的制度元素，随着时间的推移，组织群体之间的同构性越来越强（DiM-aggio and Powell，1983；Tolbert and Zucker，1983）。另一方面，以组织能动性为代表的新制度主义认为，社会结构并不完全决定组织行为，甚至可能是偏差、企业家精神和即兴发挥的来源（Hoffman，1999；Washington and Ventresca，2004）；组织在应对制度规定时具有不同程度的自由裁量权，因而组织能够根据自身需求灵活地应对制度要求，而且制度化程度的提高也会刺激组织的偏差行为和制度创业（Oliver，1991；DiMaggio，1988）。因此，新制度主义更愿意把社会结构看作组织用来实施自主、代理行为的有利平台。尽管制度理论领域产生了一些争论，至今还存在一些理论和经验上的矛盾，但以结构主义为代表的旧制度主义和以组织能动性为代表的新制度主义都成为组织理论领域的主流观点。不可否认的是，这些争论也为制度理论注入了新的元素，增强了制度理论的解释力，促进了制度理论的传播与发展。

二　制度理论在企业战略中的应用

制度理论与战略管理理论的出发点都是实现企业的业绩目标，但在早期发展阶段，两者在企业目标的实现路径上存在一定的差别（Zhao et al.，2017）。具体而言，战略管理领域的学者认为，企业应当通过培养独特的市场地位和开发有价值的、稀有的、竞争对手无法模仿的资源和能力来获得可持续的竞争优势（Barney，1991；Porter，1997）；而制度理论将组织通过遵守规范获得的合法性作为影响组织资源获取、生存和绩效的关键驱动因素（Meyer and Rowan，1977；Powell and DiMaggio，2012）。制度理论在发展与演变的过程中，得到了战略管理领域学者的关注，被越来越多地应用到企业的战略分析中，最典型的是 Deephouse（1999）提出的战略平衡思想。长期以来，企业在经营实践中都面临着既要循规蹈矩又要与众不同的压力（Deephouse, 1999)。一方面, 与制度规范保持一致能够提升企业的合法性 (Meyer and Rowan, 1977; DiMaggio and Powell, 1983); 另一方面, 差异化战略能够降低企业的竞争压力 (Porter, 1997, 1991)。然而减少竞争和提升合法性都能提升企业的业绩 (Deephouse, 1999; Baum and Singh, 1994; Gimeno and Woo, 1996)。通过整合制度理论和战略管理理论, Deephouse (1999) 提出企业在实践中应该保持适度的战略相似性来平衡竞争压力和合法性诉求, 尽可能实现差异化与规范性的统一。此后, 制度理论与战略管理理论相结合的战略平衡思想被广泛应用到企业战略研究中, 例如企业战略联盟组合 (Das and Teng, 2000)、集团战略定位 (McNamara et al., 2003)、市场进入决策 (Stephan et al., 2003)、战略行动组合 (Basdeo et al., 2006)、企业公民计划 (Gardberg and Fombrun, 2006) 以及企业创新活动 (Lieberman and Asaba, 2006; Roberts and Amit, 2003) 的相关研究。

在制度理论的发展过程中, 学者们围绕制度要素与企业战略之间的关系展开了一系列的研究, 例如企业创业战略、国际化战略以及创新战略等。随着创业潮的兴起, 创业领域的学者们从制度视角探讨企业的创业决策, 探讨制度要素给企业家精神、组织架构以及新创企业绩效等带来的影响。首先, 从制度理论视角来看, 企业家创建新组织的决策是一项社会产品, 取决于企业家所处的时间、空间和社会网络 (Tolbert et al., 2011; Sine et al., 2022)。关于区域经济集群的研究表明, 在某些特定的地区和行业中, 企业家被理所当然地视作一种社会认可度高而且受人钦佩的职业道路 (Khessina and Carroll, 2008; Romanelli and Khessina, 2005; Sorenson and Audia, 2000), 而另一些区域即便拥有同样的资源也难以孕育出企业家精神 (Brandl and Bullinger, 2009; Sine and Lee, 2009)。其次, 一些学者探讨了贸易协会等制度要素在影响新创企业组织结构与组织设计方面发挥的作用。例如, Sine 等 (2005) 对新建独立发电厂的研究表明, 电厂行业通过组建国家协会促进了协会成员之间信息和思想的共享，进而提升了新创企业的生产技术水平与组织效率。Dowell 和 David（2011）的研究表明，酒类零售业企业在进行商店选址决策时往往会遵循先辈创业时的选址模式，通过遵循前人的认知模式来降低创业过程中的不确定性。蔡宁等（2017）基于滴滴出行的案例梳理了制度规定与企业创业战略选择之间的关系，指出创业企业通过调整合法性业务与效率业务的优先级来应对企业面临的制度规定。最后，一些学者考察了制度要素对新创企业绩效产生的影响。以往研究指出，新创企业可以通过与知名组织或者机构建立联系的方式来从各方面获得合法性，提高企业的绩效（Stuart et al.，1999；Burton et al.，2002；Dacin et al.，2007）。例如，Stuart 等（1999）的研究表明，隶属于高地位风险投资公司的企业家更有可能获得所需的资源、生存和成长。Burton 等（2002）通过对硅谷初创企业的抽样调查发现，遵守硅谷的社区标准显著提升了新创企业吸引外部融资的概率。Dacin 等（2007）从制度视角探讨了战略联盟对企业绩效的影响，研究指出战略联盟除了技能获取、风险分担和规模经济方面的好处外，还具有重要的合法化功能。

除了创业战略，战略领域的学者们还探讨了制度要素对企业国际化战略的影响。Meyer 等（2009）基于印度、越南、南非和埃及四个新兴经济体的数据，从制度理论视角探讨了制度发展程度对国外投资者市场进入模式的影响，研究结果表明国外投资者在制度薄弱的国家更愿意通过合资的方式进入市场，而在制度强大的国家更愿意通过收购的方式进入市场。Finchelstein（2017）基于阿根廷、巴西和智利三个国家大型企业国际化的数据考察了制度环境对企业国际化进程的影响，发现国家直接干预相比于间接干预更能提高大型企业国际化的速度以及多元化的程度。学者们指出，制度环境是作为一个系统进行运作的，因此不同的制度组合会给企业的国际化战略带来影响（Xu et al.，2021）。一系列的研究表明，经济、监管、政治、人口等制度环境的组合可以影响企业国际化战略与企业绩效之间的关系（Contractor et al.，2016；Geleilate et al.，2016；Marano et al.，2016；Shukla and Cantwell，2018；Zhu et al.，2019）。此外，制度要素在跨国企业并购的每个阶段都发挥着关键作用。例如，在企业并购发生之前，跨国企业往往更加偏好制度有力的国家。具体而言，劳动法规的完善程度（Alimov，2015；Levine et al.，2020）、文化背景的相似性（Ang et al.，2015；Basuil and Datta，2015；Dikova et al.，2010；Zhu et al.，2020）、税收竞争力（Gan and Qiu，2019）、与母国政治和监管制度的差异（Bhaumik et al.，2018；Chen et al.，2017）、腐败现象（Bertrand et al.，2019）以及国家治理体系的完善程度（Alon et al.，2020；Ellis et al.，2017）等制度要素都会影响跨国企业收购目标的选择。并购发生之后，东道国和母国之间的文化差异（Kang and Kim，2010；Lewis and Bozos，2019；Reus，2012；Reus and Lamont，2009；Stahl and Voigt，2008；Vaara et al.，2012）、监管机构的制度差异（Tsui-Auch and Chow，2019；Zhu et al.，2015）、政治亲和力（Hasija et al.，2020）以及劳动力市场的灵活性和效率（Bauer et al.，2018）都会影响并购企业的整合以及并购后的绩效。

除此之外，制度理论也被应用到企业社会责任战略的研究中。一部分学者探讨了制度要素对企业慈善捐赠的影响（Marquis and Tilcsik，2016；Li and Lu，2020；Chang et al.，2021）。Marquis 和 Tilcsik（2016）考察了不同的制度压力来源对企业慈善捐赠的影响，研究发现相比于来自同一行业或者同一社区的单一制度压力，来自行业和社区交叉点的制度压力对企业慈善捐赠的影响最大。Li 和 Lu（2020）的研究指出，来自政府的制度规定显著促进了企业的慈善捐赠，而且制度规定对企业慈善捐赠的促进作用在政府官员晋升动机较强的地区以及 CEO 对合法性需求较高的企业中更强。Chang 等（2021）发现，来自政府的制度规定显著促进了上市企业开展扶贫活动。另一些学者考察了制度要素给企业环境责任战略带来的影响（Berrone et al.，2013；苏芳等，2022；徐建中等，2017；Wang et al.，2018a）。Berrone 等（2013）通过分析美国上市企业环境专利的相关数据，发现监管压力和制度规范显著促进了上市企业的环境保护创新，而且这种影响在污染行业企业中表现更加明显。徐建中等（2017）的研究指出，来自政府的环境保护规制压力与企业的环境保护创新战略之间呈倒 U 形关系，来自同行机构的模仿压力与企业的绿色创新活动之间也呈倒 U 形关系。苏芳等（2022）发现，政府的制度规定显著提升了企业环保责任。Wang 等（2018a）探讨了多重制度规定对企业环境战略的影响，研究发现来自中央政府的制度规定促进了企业的环保行为，而地方政府的经济压力会削弱这种促进作用，因而多重制度规定与企业环保行为之间呈现倒 U 形关系。

综上所述，制度理论视角在企业战略管理领域的应用由来已久，而且制度理论与战略管理理论整合形成的战略平衡视角也为后续研究奠定了重要的基础。在制度理论应用到企业战略的过程中，制度与企业创业战略以及企业国际化战略的研究已经逐渐趋于成熟和完善，而制度与企业社会责任战略的研究尚处于发展阶段。Wang 等（2016）指出，企业社会责任作为一种社会现象，不能独立于企业所在的制度背景而存在，因而在考察企业社会责任战略时必须考虑到企业社会责任的制度环境。由于我国上市企业的社会责任制度建设正处于起步阶段，现阶段关于制度理论与企业社会责任战略的研究大部分集中在制度规定与企业社会责任履行方面（Marquis and Tilcsik，2016；Li and Lu，2020；Chang et al.，2021；Berrone et al.，2013；苏芳等，2022；徐建中等，2017；Wang et al.，2018a），只有极少数研究注意到了制度规定对企业社会责任信息披露策略的影响（Luo et al.，2017；Marquis and Qian，2014）。一方面，随着新时代企业高质量发展目标的推进，企业在完成经济目标时必须兼顾社会目标，社会大众和利益相关者越来越重视企业的社会责任信息披露。另一方面，学者们指出，企业社会责任信息披露在制度理论中的分析和应用相对缺乏，并呼吁未来的研究从制度逻辑的角度考察企业的社会责任信息披露（Cornelissen et al. , 2015; Crane and Glozer, 2016）。因此，从制度理论视角探讨企业社会责任的信息披露策略，对于实践界和学术界都具有重要的意义。

三 合法性管理成本

（一）合法性的概念与分类

合法性（Legitimacy）一直是制度理论领域的核心概念之一。Suchman（1995：574）将合法性定义为"在社会构建的规范、定义、信仰和价值体系中，一个主体的行为被普遍认为是可取的、适当的或恰当的"。Aldrich 和 Fiol（1994）通过观察新兴产业创业者面临的一系列合法性挑战，率先将合法性分为两类：社会政治合法性（Socio-political Legitimacy）和认知合法性（Cognitive Legitimacy）。社会政治合法性指组织的文化或行为与周围其他组织文化系统中的规范性期望之间所保持的一致性（Aldrich and Fiol, 1994; Scott, 1994）。认知合法性是社会政治合法性的延伸，指组织的规范性期望与环境之间高度一致，从而不受质疑或者被视为理所当然（Hannan and Freeman, 1986）。Aldrich 和 Fiol（1994）对合法性的分类奠定了组织生态学研究合法性的基础。

Scott（1995）从制度的运作逻辑出发，将合法性分为规制合法性（Regulative Legitimacy）、规范合法性（Normative Legitimacy）和认知合法性（Cognitive Legitimacy）。规制合法性指组织对既定规则、法律监督和制裁等管制过程的遵守程度（Scott, 1995; Suddaby et al. , 2017）。规范合法性指组织的行为、特征和组织形式与组织所处社会环境的信仰体系和文化价值观之间的契合程度（Scott, 1995）。认知合法性取

决于组织与共同的参考框架之间的一致程度，与 Aldrich 和 Fiol
（1994）对认知合法性的定义基本一致（Suddaby et al.，2017）。这三
种合法性的分类被广泛应用于制度对组织影响的研究中（Kostova and
Zaheer，1999；Peng，2004；Yamakawa et al.，2008）。

Suchman（1995）将合法性分为实用合法性（Pragmatic Legitima-
cy）、道德合法性（Moral legitimacy）和认知合法性（Cognitive Legiti-
macy）。Suchman（1995）对于合法性的分类对后续研究产生了较大
的影响（Suddaby et al.，2017）。这三种合法性都沿用合法性的原始
定义，即"在社会构建的规范、定义、信仰和价值体系中，一个主体
的行为被普遍认为是可取的、适当的或恰当的"，但每种合法性都建
立在组织不同的行为动态基础上。实用合法性建立在组织与其利益相
关者之间的交换关系之上，当然也包括建立在组织与其利益相关者之
间更广泛的政治、经济和社会等相互依存关系之上。在实用合法性框
架下，组织的行为会直接受到利益相关者的影响。道德合法性与 Scott
（1995）对规范合法性的定义以及 Aldrich 和 Fiol（1994）对社会政治
合法性的定义相近，即道德合法性是"社会性的"，它基于对该活动
是不是"正确的事情"、是否符合组织所在社会环境的信仰体系和文
化价值观、是否有效促进了社会福利的价值标准判断的形成（Aldrich
and Fiol，1994）。认知合法性是基于理所当然的文化观念而对组织行
为进行的评价，与前两种合法性分类中的概念基本一致（Suchman，
1995；Aldrich and Fiol，1994；Suddaby et al.，2017）。

尽管合法性有不同的分类方式，但企业社会责任领域的合法性一
般指规范合法性，即道德合法性，因为企业社会责任背景下的组织合
法性源于组织对道德义务和社会价值准则的遵守，即"正确的事情"
（Luo et al.，2017；Jeong and Kim，2019）。鉴于本书的研究路径是基
于社会责任信息披露制度规定考察企业的社会责任信息披露行为和企
业绩效，因此本书提到的合法性均指规范合法性，即道德合法性。

（二）合法性管理成本视角

组织研究中关于合法性的文献主要集中在战略视角和制度视角两个角度（Oliver，1991；Elsbach，1994）。战略视角将合法性视为一种可以从社会文化环境中获取的、有利于组织赢得竞争优势的运营资源（Dowling and Pfeffer，1975；Ashforth and Gibbs，1990）。战略主义者认为管理者对合法化过程有高度的控制权，通常将具有象征意义的制度化元素或者符号与企业实际的经营需求和效率进行比较（Pfeffer，1981）。具体而言，组织管理者偏好制度化元素的象征性、灵活性与经济性，社会大众倾向于制度化元素的实质性表现（Ashforth and Gibbs，1990），因此战略主义者认为，管理者和社会大众往往会因为合法性相关的活动产生冲突。

与之相反，制度视角认为合法性是一系列建构性的信念（Meyer and Rowan，1977；DiMaggio and Powell，1983）。制度主义者认为，文化属性决定了组织如何建立、如何运行，同时也决定了组织如何被社会大众理解和评价。在这样一个体系中，合法性和制度化几乎是一对同义词，这两种现象都能够为组织赋予意义和权力，使组织的运行看起来自然而有意义。制度主义者认为，组织的制度化是由社会的价值体系决定的，而组织的合法性是由社会价值体系中的社会大众赋予的。在制度视角下，组织遵守制度化规则，可以获得合法性、更多的资源，并增加组织存活下来的概率（Meyer and Rowan，1977；DiMaggio and Powell，1983）。相比之下，未能履行制度的组织通常被归类为非法组织，并因此受到市场的惩罚（Zuckerman，1999），这种针对非法性的惩罚会导致经济损失，从而迫使组织符合现有的制度化结构、规范和价值观（Hannan，2010）。因此，制度主义者认为，组织倾向于遵守制度化规则，从而获得合法性的好处，避免因非法性受到惩罚。

在这些合法性观点的基础上，Jeong 和 Kim（2019）提出，理解制度进程需要考虑"合法性管理成本"——即一个组织为管理自身合法性而花费的费用。Jeong 和 Kim（2019）指出，合法性是有成本的。具体而言，遵守制度规范需要使用资源，需要对结构和常规进行内部改变，即使它与一个组织的技术安排相对脱钩。这种资源使用和内部改变的费用往往是相当昂贵的。以往研究也指出，合法性和效率是决定组织对制度压力做出战略反应的两个主要因素（Oliver，1991）。在此基础上，Jeong 和 Kim（2019）提出了合法性管理成本的概念模型，如图 1-1 所示。

在图 1-1 中，以 1a 为基线模型，企业的合法性管理成本根据效率压力或合法性压力的变化而上下浮动。首先，在其他条件不变的情况下，当企业受到的合法性压力增加时，企业的合法性管理成本也会随之提高，这种情况下导致合法性管理成本从 1a 过渡到 1b。其次，在其他条件不变的情况下，当企业受到的效率压力增加时，很可能会降低其合法性管理成本。例如，当一个公司经历了糟糕的业绩或面临宏观经济环境变化等意外时，经济效率的压力可能会大大增加。在这种情况下，企业会优先保证经济效率，减少追求合法性利益的支出，这导致合法性管理成本从 1a 过渡到 1c。最后，如 1d 所示，如果合法性和效率压力都有相同程度的增加，这两种压力对合法性管理成本的影响可能会相互平衡，导致企业的合法性管理成本回到基线模型的原始位置。

同样，在社会责任信息披露的制度背景下，企业不可避免地面临着合法性压力和效率压力之间的权衡。

一方面，当企业被要求披露社会责任信息时，它们会受到来自政府的规范性压力。在社会责任信息披露的制度背景下，企业需要增加社会责任投资并发布企业社会责任报告，以符合制度规定并获得合法性（Luo et al.，2017；Chen et al.，2018；Marquis and Qian，2014）。例如，Marquis 和 Qian（2014）表明合法性较低的企业在面对政府合

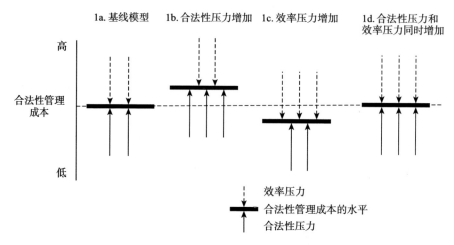

图 1-1　合法性与效率之间的战略平衡

资料来源：Jeong 和 Kim（2019）。

法性压力增加的信号时，更可能发布企业社会责任报告以获得合法性。Luo 等（2017）发现，为了应对中央和省级政府对企业社会责任的冲突要求，企业采取了发布速度快但质量较低的企业社会责任报告来获取合法性。

另一方面，当企业被要求披露企业社会责任信息时，增加的社会责任投资可能给企业带来成本。不少研究表明，社会责任信息披露制度规定对企业的财务业绩产生了负面影响（Chen et al.，2018；Grewal et al.，2019；Ni and Zhang，2019；Ren et al.，2020）。Chen 等（2018）指出，被要求披露社会责任信息的企业，其盈利能力在企业披露社会责任信息之后有所下降，即社会责任信息披露制度规定以牺牲股东利益为代价产生了正外部性。Grewal 等（2019）指出，非财务信息披露制度为那些非财务业绩表现不佳的企业带来了代价。Ren 等（2020）发现，环保信息披露制度增加了环境保护管理活动的成本，从而对企业的财务表现产生了负面影响。Ni 和 Zhang（2019）认为，企业社会责任信息披露制度规定大大减少了股东应得的股利和股息，即企业社会责任信息披露制度规定通过减少股东的利益来满足利益相关者的诉求。这些研究表明，响应社会责任信息披露制度规定确实为企业带来了成本。当企业面临社会责任信息披露制度规定时，不可避免地面临着合法性压力和经济效率之间的矛盾。因此，本书以合法性管理成本为理论视角，探讨社会责任信息披露制度规定与企业社会责任信息披露行为之间的关系。

第二节　利益相关者理论的基本内容与相关研究

一　利益相关者的基本概念

利益相关者（Stakeholder）最早用于指代股东，即管理层唯一需要向其负责的群体（Freeman，1984；赵晶、王明，2016）。最初，Freeman（1984）将利益相关者定义为"能够影响组织实现目标，或者组织实现目标过程中受到影响的个人或群体"，这类群体主要包括股东、投资者、债权人、消费者、供应商、竞争者、员工、政府部门、社区、媒体等。Freeman（1984）提供了一种务实的战略方法，使组织意识到各种各样的利益相关者，从而更好地追求企业绩效。

利益相关者理论的出现，将企业本质的讨论从传统的投入产出视角引入动态的利益相关者视角，在一定程度上解决了商业环境剧烈变化导致的企业定位不清的问题。如图1-2所示，传统的投入产出视角将企业视作一个"黑匣子"，投资者、供应商和员工为企业提供投入，企业将其转化为产出，供应给客户（Donaldson and Preston，1995）。在投入产出视角中，组织是静态的，外部环境是稳定的，利益相关者与企业之间都是单边关系（Freeman，1984）。

然而，随着商业环境的动荡，传统的投入产出视角没有办法解释商业环境中正在发生的变化（Laplume et al.，2008）。利益相关者理论的出现，在很大程度上解决了这个难题。Freeman（1984）认为，环境的"转变"同时发生在内部利益相关者和外部利益相关者之间，

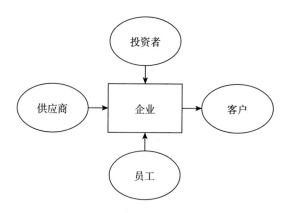

图 1-2　企业投入产出模型

资料来源：Donaldson 和 Preston（1995）。

而且这种转变是一种相互作用，因此管理者不仅要关注到所有能够影响企业的群体和个人，也要考虑到企业给这些群体和个人带来的影响。如图 1-3 所示，企业和企业的内外部利益相关者之间的互动都是双边关系。

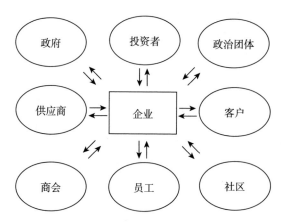

图 1-3　利益相关者模型

资料来源：Freeman（1984）；Donaldson 和 Preston（1995）。

在利益相关者概念的基础上，Donaldson 和 Preston（1995）提出了利益相关者理论的三个分支：描述性（Descriptive）、规范性（Normative）和工具性（Instrumental）。描述性视角用于解释企业的特征和行为。规范性视角关注企业运营和管理的道德规范与行为准则。工具性视角将利益相关者管理与企业绩效目标关联了起来。工具性视角指出，管理与利益相关者之间的关系能够帮助企业赢得竞争优势，实现绩效增长和财务目标。简而言之，这三个视角依次回答了"企业行为是什么"、"企业应该如何实施行为"以及"企业行为如何影响企业绩效"的问题（Jones，1995）。在 20 世纪 90 年代至 21 世纪初，利益相关者理论的学术研究主要是规范性（Argandoña，1998；Gibson，2000；Phillips，2003）和描述性的（Clarkson，1991；Halal，1990；Jawahar and McLaughlin，2001），而利益相关者理论的工具性分支较少得到关注（Donaldson and Preston，1995）。进入 21 世纪后，利益相关者理论的工具性视角得到了广泛关注。如今，这三个分支在利益相关者的研究中都发挥着重要的作用。

二　利益相关者显著性视角

虽然利益相关者的概念厘清了企业与外部环境之间的关系，但学界对于哪些利益相关者对企业而言是最重要的这一问题并没有达成一致。鉴于资源的有限性，企业往往只能响应一部分利益相关者的诉求（Bundy et al.，2013；Mitchell et al.，1997）。Mitchell 等（1997）基于企业与利益相关者之间的关系属性，提出了利益相关者的显著性视角。利益相关者显著性视角认为利益相关者的权力（Power）、合法性（Legitimacy）和紧迫性（Urgency）决定了企业对利益相关者诉求的响应程度。首先，权力是指一个社会行为者可以让另一个社会行为者做一些原本不会做的事情（Mitchell et al.，1997；Dahl，1957）。例如，当企业面临政府发布的社会责任信息披露制度要求时，企业不得不进行社会责任信息披露。其次，广义的合法性是指社会接受和期望的结构或行为，狭义的合法性是指"在社会构建的规范、定义、信仰和价值体系中，一个主体的行为被普遍认为是可取的、适当的或恰当的"（Suchman，1995）。例如，消费者要求企业提供安全可靠的产品和服务是合法的，政府要求企业承担社会责任是合法的。最后，紧迫性指利益相关者的诉求需要立即关注的程度，体现出利益相关者与企业管理者之间的动态性。

利益相关者的显著性代表了企业管理者根据他们对利益相关者权力大小的感知、利益相关者要求的道德合法性和利益相关者诉求紧迫程度而确定的利益相关者诉求响应的优先级（Neville et al.，2011）。企业如何在相互竞争的利益相关者需求中最优地配置企业资源进而实现效用最大化，是利益相关者显著性视角解决的关键问题（Ge and Hsieh，2007；Jensen，2002，2007）。利益相关者具备的属性（权力、合法性和紧迫性）越多，显著性越强，企业对其诉求的响应程度越高，响应速度也越快（Bundy et al.，2013；Agle et al.，1999）。这三种属性本质上是基于管理者的主观感知，是社会构建的现实，而不是"客观"的现实（Mitchell et al.，1997）。也就是说，企业对利益相关者诉求的响应程度取决于企业管理者感知到的利益相关者显著性。当企业管理者感知到某一个或者一类利益相关者的显著性较强时，企业往往以实质性的方式进行快速响应（Bundy et al.，2013；Thijssens et al.，2015）。

三　工具性利益相关者视角

在利益相关者理论的发展过程中，Donaldson 和 Preston（1995）对利益相关者理论的分类——规范性、工具性和描述性一直是该领域的奠基石，其中工具性利益相关者视角更是受到了学者们的青睐（Jones et al.，2018；Lev et al.，2010）。工具性利益相关者视角的核心假设是，与利益相关者发展具有高度道德的关系——如公平、信赖、忠诚、关心和尊重等，能够为企业带来可持续的竞争优势，提升企业绩效（Jones et al.，2018）。工具性利益相关者视角将利益相关者管理视为实现股东财富目标的一种手段（Donaldson and Preston，1995；Jones，1995；Francis et al.，2019），它认为对利益相关者的管理实际上是公司整体战略的一部分，企业可以通过它与利益相关者进行沟通、谈判和签约（Jones，1995）。良好的利益相关者管理可以促进企业与利益相关者之间相互信任与合作的经济关系，从而减少信息、代理和交易成本，并反过来促进后续交易中与关键利益相关者的有效签约（Jones，1995）。因此，利益相关者管理可以帮助企业避免可能促使利益相关者阻碍企业目标实现的决策，也可以帮助企业吸纳掌握稀缺资源的关键利益相关者，从而服务于企业战略的实施（Berman et al.，1999）。正如Jones（1995）所总结的那样："在相互信任与合作的基础上，那些与利益相关者建立契约的企业比不建立契约的企业具有竞争优势。"

工具性利益相关者视角被广泛应用到企业社会责任的研究中。具体而言，在企业履行社会责任的过程中，通过对利益相关者进行投资而与利益相关者形成互信互惠的契约关系，能够减少信息成本和机会主义成本，为企业带来竞争优势（吴芳、张岩，2021）。基于工具性利益相关者视角考察企业社会责任与企业财务绩效之间关系的研究可以大致分为两类。

一类研究表明，基于广义利益相关者导向的企业社会责任能够改善企业的财务绩效（Jones et al.，2018；Berman et al.，1999；Agle et al.，1999；Ogden and Watson，1999；Orlitzky et al.，2003；Ruf et al.，2001；Choi and Wang，2009）。例如，Ruf等（2001）的研究表明企业通过履行社会责任提升了自身的竞争优势，进而改善了企业的财务绩效。Orlitzky等（2003）基于工具性利益相关者视角对52项实证研究中的33878个样本进行了元分析，结果表明基于利益相关者导向的企业社会责任确实促进了财务绩效的改善。Peloza（2009）对128项实证研究进行了荟萃分析，证实了企业社会责任与企业财务绩效之间的正相关关系。Godfrey 等（2009）通过对 1993~2003 年 178 个针对企业的负面事件进行研究，发现企业以利益相关者为导向进行的社会责任投资在企业面临负面事件时能够产生类似保险的效应，保护股东价值不受影响。

另一类研究指出，企业社会责任对企业财务绩效的影响取决于特定利益相关者群体对企业社会责任投入的意识和态度，只有当利益相关者认可企业的社会责任投入时，企业的社会责任投入才能带来相应的财务收益（Lev et al.，2010；Schuler and Cording，2006；Servaes and Tamayo，2013；Wang and Qian，2011；Harrison and Coombs，2012）。例如，Schuler 和 Cording（2006）的研究指出企业社会责任投入对财务绩效的影响取决于特定利益相关者的道德价值观，即企业社会责任活动通过影响消费者的品牌态度和购买行为，对企业财务绩效产生影响。Lev 等（2010）基于 1989~2000 年美国上市公司慈善捐款的样本探讨了慈善捐赠对企业销售增长的影响，研究发现对以消费者为中心的公司而言，企业慈善捐赠能够显著促进企业销售收入，提升股东价值。Servaes 和 Tamayo（2013）的研究表明企业对消费者的重视程度会强化企业社会责任投入与企业财务绩效之间的正相关关系。Wang 和 Qian（2011）的研究表明，企业的慈善捐赠能够赢得关键利益相关者（如员工、消费者和投资者）的积极响应与支持，进而改善企业的财务绩效。

上述研究考察了企业社会责任履行对企业财务绩效的影响，但我们对企业社会责任信息披露如何影响企业绩效却知之甚少。以往研究已经证实企业社会责任的信息披露与企业社会责任的履行是不同的概念（Wickert et al.，2016；Schoeneborn et al.，2020），因此有必要区分企业社会责任履行与企业社会责任信息披露给企业绩效带来的差异化影响。作为企业与利益相关者沟通的一种常见形式，企业社会责任信息披露是企业管理利益相关者的重要渠道。具体而言，企业的内外部利益相关者都是企业社会责任信息披露的关键受众（Crane and Glozer，2016）。那么，企业社会责任信息披露能否有效回应利益相关者的诉求，赢得利益相关者的支持，从而提升企业绩效呢？本书将基于工具性利益相关者视角考察企业社会责任信息披露行为对企业绩效的影响。

第三节　企业社会责任信息披露的相关研究

一　企业社会责任信息披露的概念

企业社会责任信息披露是指企业定期或者不定期向外界披露企业的社会责任履行情况。为了避免概念上的混淆，本书采用了 Aguinis（2011）对企业社会责任的定义，即"考虑利益相关者的期望以及兼顾经济、社会和环境绩效三重底线的基于特定情境的组织行动和政策"。传统上，企业最重要的社会责任是使企业及其股东的利润最大化（Friedman，1970；Carroll，1991）。正如 Friedman（1970）所说："企业唯一的社会责任是在遵守社会基本规则的同时增加其利润。"渐渐地，企业的社会责任演变成一个金字塔框架，即同时承担公司的经济、法律、道德和慈善责任（Carroll，1991）。最近的研究指出，企业通过履行社会责任管理自己的声誉以及社会大众对企业所扮演角色的看法和期望（Wang et al.，2016，2020）。

（一）企业社会责任履行与披露

随着企业社会责任的研究越来越多，企业社会责任的"履行"（CSR Walk）和"披露"（CSR Talk）也成为该领域的一个重要研究议题（Wickert et al.，2016；Berliner and Prakash，2015；Haack et al.，2012）。以往研究指出，企业社会责任的"履行"和"披露"都是企业社会责任参与的重要元素（McWilliams and Siegel，2001）。有观点认为，企业社会责任履行是企业在部门、职能、价值链等内部和跨部门的核心业务流程中实施促进企业承担社会责任的战略、结构和程序（Harrison and Coombs，2012）。也有观点认为，企业社会责任的履行主要是指公司内部的实质性行动，例如采取环保措施，减少环境污染，降低碳排放，推广可再生能源；提供良好的工作条件和薪酬待遇，关注员工健康与安全，提供培训和职业发展机会；支持社区教育、文化活动、基础设施建设等，改善当地居民生活条件；通过捐款、赞助和志愿活动支持社会公益事业，帮助弱势群体等（Wickert et al.，2016；Aguilera et al.，2007）。企业社会责任信息披露，主要是企业面向外部利益相关者的关于企业社会责任履行情况的沟通与交流（Wickert et al.，2016），包括向利益相关者、投资者、客户、社会大众等群体披露企业在社会责任履行方面所做的努力和取得的成果。企业社会责任信息披露可以通过年度社会责任报告、可持续发展报告、企业网站、新闻发布会、广告和产品标签等多种形式进行（Balmer and Greyser，2006；Du et al.，2010）。

企业社会责任的履行与披露是相互区别的概念，两者的区别主要体现在实施目标、面向对象和行为方式上（Wickert et al.，2016）。首先，从实施目标来看，企业履行社会责任的目的是通过具体行动来推动社会、环境和经济的可持续发展（Fatima and Elbanna，2023），而企业披露社会责任信息的目的是增加企业社会责任信息的透明度、赢得利益相关者的信任和接受外部群体的监督。其次，从面向对象来看，企业社会责任履行的目标受众是企业内部的员工和外部的利益相关者，而企业社会责任信息披露的目标受众是企业外部的利益相关者、大众媒体、政府机构和非政府组织等更为广泛的社会群体。最后，从行为方式来看，企业社会责任履行关注企业在实际运营中采取的具体行动，包括环境保护、员工福利、社区投资等方面，需要企业采取具体的举措来履行社会责任，这些措施可以在企业的经营活动中得到体现；而企业社会责任信息披露则是将这些履行情况以公开透明和易于理解的方式向外界公布，包括公开报告、公告、网站、会议等形式。表1-3列出了企业社会责任履行与企业社会责任信息披露的区别。

表 1-3　企业社会责任履行与企业社会责任信息披露的区别

区别方面	企业社会责任履行	企业社会责任信息披露
定义	企业在部门、职能、价值链等内部和跨部门的核心业务流程中实施促进企业承担社会责任的战略、结构和程序（Harrison and Coombs, 2012）	企业面向外部利益相关者的关于企业社会责任履行情况的沟通与交流（Wickert et al., 2016）
实施目标	通过具体行动来推动社会、环境和经济的可持续发展（Fatima and Elbanna, 2023）	增加社会责任信息的透明度、赢得利益相关者的信任和接受外部群体的监督
面向对象	内部的员工和外部的利益相关者	外部利益相关者、大众媒体、政府机构和非政府组织等社会群体
行为方式	企业在实际运营中采取的具体行动	将社会责任履行情况以公开透明和易于理解的方式向外界公布

资料来源：笔者根据相关文献整理。

　　尽管企业社会责任履行与企业社会责任信息披露在实施目标、面向对象和行为方式上存在一定的差异，但企业披露的社会责任信息基本上是基于企业在实践中履行社会责任的活动。具体而言，当企业披露的社会责任信息质量较高时，企业往往也会因为其杰出的社会责任履行和社会贡献而获得第三方机构颁布的企业社会责任奖。例如，万科企业股份有限公司在2017年社会责任报告中公布了企业的社会捐赠1.035亿元、绿色建筑面积4372.4万平方米以及其他社会责任履行相关的投资情况。2018年7月27日，万科企业股份有限公司因其杰出的社会贡献荣获中国企业社会责任年会颁发的"2017年度最佳责任企业奖"。在2016年的企业社会责任报告中，珠海格力电器股份有限公司（简称"格力电器"）宣布向员工发放超过 320 万元的高温补贴，以及超过 500 万元的节能升级资金。2016 年 12 月 27 日，格力电器荣获人民日报社颁发的"第十一届人民企业社会责任奖年度企业奖"，以表彰格力电器的社会贡献。华润三九医药股份有限公司在 2016 年社会责任报告中公布，企业的环保投资额为 2689.1 万元。2017 年 1 月 13 日，华润三九医药股份有限公司荣获第六届世界环保大会组委会颁发的"中国绿色效益企业——绿色责任奖"。中国工商银行在 2017 年企业社会责任报告中宣布，企业向社会捐赠资金 7792 万元，植树投资 6.6 万元，植树 3312 棵，积极开展绿化活动。2017 年 11 月 23 日，中国工商银行荣获中国新闻社颁布的"2017 年度责任企业奖"。上述案例表明，上市企业的社会责任信息披露是基于企业实际履行的社会责任活动。第三方机构颁发的社会责任奖项也表明了上市企业社会责任报告中披露的企业社会责任信息的客观性与真实性以及企业通过社会责任履行为社会做出的贡献。

（二）企业社会责任信息披露

作为企业社会责任信息披露的基础，企业社会责任履行固然在企业社会责任参与中发挥着重要作用，但如何将企业的社会责任履行情况清晰明白、准确无误地向利益相关者传达也是企业社会责任参与中不容忽视的关键环节（Tata and Prasad，2015）。企业的社会责任履行情况只有通过信息披露向利益相关者和社会公众传达，让他们发现企业的价值，才能实现企业社会责任履行的最大效用。

以往研究表明，社会责任信息披露往往侧重于信息披露的完整性、具体性、一致性与可比性（Stuart et al.，2022）。首先，企业社会责任信息披露的第一个要素是信息披露的完整性，即企业社会责任信息披露有多全面，是否覆盖了利益相关者或者社会公众认为重要的信息（Stuart et al.，2022；Christensen et al.，2021）。具体而言，就是根据现有的监管要求，企业披露的社会责任信息在多大程度上覆盖了利益相关者认为重要的社会责任领域（Adams，2004；Zahller et al.，2015）。例如，深圳证券交易所要求上市企业披露其对社会、自然环境、股东和债权人、客户和消费者、供应商与社区等利益相关者所应承担的责任，那么企业披露的社会责任信息是否涵盖这些领域就是评估企业社会责任信息披露完整性的关键指标。

其次，企业社会责任信息披露的第二个要素是信息披露的具体性，即企业在披露社会责任信息时应该使用具体的量化措施，而不是宽泛或者一般的术语（Wiseman，1982）。Adams（2004）呼吁企业在披露企业社会责任信息时要包括明确的、可量化的目标，并且在披露中报告这些目标，这样就可以追踪企业社会责任履行的具体情况。

最后，企业社会责任信息披露的第三个要素是披露的信息在不同时间维度上的一致性和企业之间的可比性（Stuart et al.，2022）。虽然不同行业企业之间披露的侧重点可能有所不同，但同一行业内企业披露的社会责任信息的一致性会提高企业社会责任信息披露的质量（Wiseman，1982；Cohen and Simnett，2015）。鉴于 Zahller 等（2015）发现的企业社会责任信息披露质量与组织合法性之间的正相关关系，他们建议企业在社会责任信息披露中提供具体的、可量化的信息，并使得不同时期的社会责任信息具有一致性和可比性。此外，投资者认为企业披露的非财务信息对改善投资决策非常重要，因此对企业非财务信息的可比性评价最高（Cohen and Simnett，2015）。

考虑到企业在面临社会责任信息披露制度规定时拥有较大的自由裁量权，可以自主选择社会责任信息披露的领域和重点，本书从社会责任信息的披露范围和披露重点两个维度来考察企业社会责任信息披露行为（Zhang et al.，2023）。首先，从定义上来看，企业社会责任信息披露范围维度横向描述了企业披露信息的社会责任领域在多大程度上涵盖了全部的社会责任领域（Zhang et al.，2020c；Ding et al.，

2021），它代表了企业社会责任信息披露的完整性。企业社会责任信息披露重点维度纵向评估了企业为回应利益相关者的诉求和向利益相关者表达善意而在每个企业社会责任领域所付出的努力（Zhang et al.，2020c；Ding et al.，2021），它代表了企业社会责任信息披露的具体性。此外，重点维度描述了企业在每个企业社会责任领域所开展的社会责任履行项目的数量，反映了企业是否采取差异化的企业社会责任战略（Zhang et al.，2020c；Ding et al.，2021）。其次，从披露范围和披露重点的特征来看，企业社会责任信息披露的范围维度提供了企业社会责任信息披露的标准模板，使利益相关者能够很容易地识别和对比企业是否参与某一社会责任领域，从而评估企业社会责任信息披露的合法性（Zhang et al.，2020c）。具体来说，范围维度表征的企业社会责任领域与证监会规定的社会责任信息披露范围是一致的，因此，利益相关者可以很容易地将企业社会责任信息披露范围作为一个检查表来判断企业社会责任信息披露的合法性。

虽然检查披露范围有助于评估企业社会责任信息披露的合法性，但它难以反映企业在社会责任各领域中付出的努力。相比之下，社会责任信息披露的重点维度可以捕捉到企业在每个社会责任领域所投入的努力，以显示对多个利益相关者的善意（Zhang et al.，2020c）。同时，披露企业社会责任的重点信息能够使企业与同行区分开来，并在竞争中获得优势，这也意味着企业必须比同行在社会责任履行方面投入更多的精力和财政资源（Zhang et al.，2020c；Flammer，2018）。当然，从效率的角度来看，企业社会责任信息的披露重点增加了企业的成本，因为它意味着在企业社会责任活动中投入大量的财政资源。综上所述，企业社会责任信息披露的范围和重点维度的区分，一方面满足了以往研究关于企业社会责任信息披露完整性、具体性和一致性与可比性的要求，另一方面有助于理解企业在面临社会责任信息披露制度规定时如何解决合法性压力和信息披露成本的矛盾。表1-4列出了企业社会责任信息披露范围和披露重点的区别。

表1-4　企业社会责任信息披露范围和披露重点的区别

区别方面	企业社会责任信息披露范围	企业社会责任信息披露重点
定义	企业披露信息的社会责任领域在多大程度上涵盖了全部的社会责任领域（Zhang et al.，2020c）	企业为回应利益相关者的诉求和向利益相关者表达善意而在每个企业社会责任领域所付出的努力（Zhang et al.，2020c；Ding et al.，2021）
特点	代表了企业社会责任信息披露的完整性，使利益相关者能够评价企业社会责任信息披露的合法性（Ding et al.，2021）	代表了企业社会责任信息披露的具体性，捕捉到企业在每个社会责任领域所投入的努力，以显示对多个利益相关者的善意（Ding et al.，2021）
功能	有助于企业获得合法地位（Zhang et al.，2020c；Ding et al.，2021）	有助于企业赢得竞争优势（Zhang et al.，2020c）
成本	给企业生产经营带来的成本较低	给企业生产经营带来的成本较高（Ding et al.，2021）

二　企业社会责任信息披露的影响因素

企业社会责任信息披露已经成为全球各行业企业的常态化操作，全球平均有超过75%的企业披露了社会责任信息（Wang et al.，2022）。尽管社会责任信息披露是企业与利益相关者沟通交流的重要机制，我国企业社会责任信息披露行为在行业和地域间仍然存在较大的差异。例如，金融行业和文体行业的企业积极披露社会责任信息，但信息技术行业企业则极少披露，甚至不披露。东部沿海地区的企业积极披露，中西部地区企业披露的积极性则不高。那么，哪些因素造成了企业社会责任信息披露行为的差异呢？以往研究从不同视角考察了企业社会责任信息披露的驱动因素，发现制度规定、企业治理结构、经济因素以及高管特征等都能影响企业的社会责任信息披露行为。

（一）制度层面

一方面，来自政府的制度规定是影响企业社会责任信息披露的关键因素。Marquis 和 Qian（2014）考察了企业对政府的依赖程度与企业社会责任信息披露之间的关系，研究表明对政府依赖程度越高的企业面临的制度压力越大，披露社会责任信息的可能性越高，研究还发现政府监督促进了企业提高社会责任信息的披露质量。毕茜等（2015）的研究指出，正式制度和非正式制度均能提高企业的环境信息披露水平，且两种制度之间存在互补效应。Luo 等（2017）发现，在面临中央政府和地方政府相互冲突的制度规定时，企业倾向于快速地披露质量较低的社会责任信息。Marquis 等（2016）的研究指出，尽管污染行业的企业倾向于选择性披露环境保护责任信息，但政府的监督压力能够有效遏制企业的选择性披露行为，促使企业如实地披露社会责任信息。Marquis 等（2017）基于定性研究的数据表明，全球化背景下政府的制度压力和全球化压力使得企业在披露社会责任信息时偏离了国际惯例，采纳了一种满足多方利益相关者诉求的信息披露方式。Ioannou 和 Serafeim（2017）的研究表明，社会责任信息披露制度规定有效促进了企业社会责任的履行和企业社会责任信息的高质量披露。

另一方面，来自利益相关者的压力也是影响企业社会责任信息披露行为的重要因素。Sun 等（2015）基于 2006~2011 年中国银行业企业的数据考察了社区环境对企业社会责任信息披露行为的影响，研究发现当银行所在地区鼓励企业披露社会责任信息或者所在地区有较多的银行披露了社会责任信息时，银行披露社会责任信息的可能性更高，而且银行在该地区的经营时长增强了制度环境与社会责任信息披露之间的正相关关系。Seo（2021）的研究指出，同行企业的信息披露为企业营造了一个信息披露的环境，因此会正向促进企业的信息披露决策。Thijssens 等（2015）基于利益相关者显著性视角考察了非政府组织对企业社会责任信息披露的影响，研究表明来自非政府组织的压力显著促进了企业提高环境保护信息披露的质量。

（二）企业层面

除了制度规定，企业的治理结构、绩效水平等也是影响社会责任信息披露行为的重要因素。首先，一系列研究考察了企业治理结构对社会责任信息披露行为的影响。张正勇等（2012）的研究指出企业的治理结构优化显著提高了社会责任信息披露水平，具体来说，企业的董事会、监事会和高管团队的规模越大，董事会和监事会召开会议的次数越多，企业的社会责任信息披露水平越高。尹开国等（2014）的研究发现企业的产权性质和管理层持股比例均能影响企业社会责任信息披露水平，具体而言，国有企业的社会责任信息披露水平显著高于民营企业，管理层持股比例高的企业社会责任信息披露水平显著高于管理层持股比例低的企业。郑冠群等（2015）的研究指出，企业的高管持股比例提高、董事长与总经理两职合一以及高管的年薪增加均显著促进了企业的社会责任信息披露质量提升。秦绪忠等（2018）发现外资持股的企业以及企业董事长具有政治关联的企业更愿意披露社会责任信息，管理层持股的企业则不愿意披露社会责任信息。

其次，一部分研究探讨了董事特征对企业社会责任信息披露的影响。例如，韩洁等（2015）发现连锁董事的信息传递作用显著促进了企业的社会责任信息披露行为。Li 等（2023）以中国上市企业 2010~2018 年的数据为研究对象，基于资源基础观考察了董事的社交网络与企业社会责任信息披露质量之间的关系，研究表明董事的社交网络中心性正向影响企业的社会责任信息披露质量。

最后，还有一部分研究考察了企业绩效在影响社会责任信息披露行为方面发挥的作用。沈洪涛（2007）的研究指出，企业盈利能力正向促进了社会责任信息披露行为。冯丽艳等（2016）的研究表明，经济绩效是企业社会责任信息披露的驱动因素，经济绩效良好的企业披露的社会责任信息质量更高，但制度规定会削弱两者之间的关系。Koh 等（2023）基于信号理论和合法性理论考察了企业社会绩效对信息披露的影响，发现社会绩效表现较好的企业披露的社会责任信息质量更高。

（三）个体层面

企业的社会责任信息披露战略一般是由高层管理者做出，因此企业高管的决策动机也是社会责任信息披露行为的重要影响因素。首先，一部分学者考察了高管的人口统计学特征对企业社会责任信息披露决策的影响。王士红（2016）以 A 股上市企业 2009~2014 年的数据为样本，指出高管团队女性比例正向影响企业社会责任信息披露水平，而高管团队平均任职年限与企业社会责任信息披露水平之间呈现负相关关系。张国清和肖华（2016）的研究表明，企业高管的年龄和任期与企业环境保护信息披露概率和披露质量都呈现正相关关系。张正勇和吉利（2013）以 A 股上市企业 2008~2010 年的数据为样本考察了董事长的人口背景特征对企业社会责任信息披露行为的影响，研究发现董事长的学历、年龄和社会声誉均显著提高了企业社会责任信息披露质量。

其次，另一部分学者考察了高管的个人经历与背景对企业社会责任信息披露决策的影响。Lewis 等（2014）的研究考察了 CEO 的任期和教育背景与企业环境保护信息披露的关系，研究发现新上任的 CEO 以及具有 MBA 学位的 CEO 更愿意披露环境保护信息，而具有律师背景的 CEO 披露环境保护信息的可能性则较低。蒋尧明和赖妍（2019）发现高管海外工作背景相较于海外学习背景对企业社会责任信息披露行为的促进作用更强。Ma 等（2020）探讨了高管的学术背景对企业社会责任信息披露行为的影响，他们发现拥有学术背景的高管相比于非学术界的高管往往具备较高的职业道德和价值标准，因而他们愿意向利益相关者披露更多的企业社会责任信息。

最后，还有一部分学者考察了高管的特质对企业社会责任信息披露决策的影响。罗双发等（2015）指出高管的政治关联提高了企业社会责任信息披露水平，而且政府官员类高管政治关联相较于委员类政治关联对企业社会责任信息披露质量提高的促进效果更强。Marquez-Illescas 等（2019）的研究表明，自恋的 CEO 倾向于在企业社会责任信息披露中发布更多积极正面的信息来巩固他们的良好形象，但这种倾向会随着 CEO 年龄的增长而减弱。Rashid 等（2020）的研究发现，CEO 拥有的权力与企业社会责任信息披露水平呈现负相关关系，但这种负相关关系会被利益相关者的影响削弱。

本书对上述具有代表性的社会责任信息披露行为的影响因素进行了总结与梳理，具体内容如表 1-5 所示。

表 1-5　企业社会责任信息披露的影响因素

影响因素类别		相关研究
制度层面	制度规定	正式制度规定（Luo et al.，2017；Marquis and Qian，2014；Marquis et al.，2017；Ioannou and Serafeim，2017）
		传统文化（毕茜等，2015）
		监督压力（Marquis et al.，2016）
	利益相关者压力	社区环境（Sun et al.，2015）
		同行压力（Seo，2021）
		非政府组织（Thijssens et al.，2015）
企业层面	治理结构	高管团队规模（张正勇等，2012）
		企业产权性质（尹开国等，2014；秦续忠等，2018）
		管理层持股比例（尹开国等，2014；郑冠群等，2015）
		董事特征（韩洁等，2015；Li et al.，2023）
	企业绩效	盈利能力（沈洪涛，2007）
		经济绩效（冯丽艳等，2016）
		社会绩效（Koh et al.，2023）

续表

影响因素类别		相关研究
个体层面	高管人口统计学特征	女性比例（王士红，2016）
		年龄（张国清、肖华，2016；张正勇、吉利，2013）
		任期（张国清、肖华，2016；Lewis et al.，2014）
	高管个人经历与背景	教育背景（Godfrey et al.，2009）
		学术背景（Ma et al.，2020）
		海外经历（蒋尧明、赖妍，2019）
		职业背景（Lewis et al.，2014；蒋尧明、赖妍，2019）
	高管特质	权力（Rashid et al.，2020）
		自恋（Marquez-Illescas et al.，2019）
		政治关联（罗双发等，2015）
		社会声誉（Ogden and Watson，1999）

资料来源：笔者根据相关文献整理。

三　企业社会责任信息披露的研究评述

首先，本节介绍了企业社会责任信息披露的定义，并对社会责任履行与社会责任信息披露进行了区分。接着，本节对企业社会责任信息披露范围和企业社会责任信息披露重点进行了介绍。随后，本节从制度层面、企业层面和个体层面归纳梳理了企业社会责任信息披露的影响因素。从文献梳理可以看出，目前关于企业社会责任信息披露影响因素的研究已经比较完善，尤其体现在企业层面和个体层面。相比之下，从制度层面考察企业社会责任信息披露影响因素的研究略显不足。同时，现有研究往往从社会责任的整体性视角出发，关注企业社会责任信息的整体披露情况，缺乏从社会责任的多维视角探讨企业在多个社会责任领域的信息披露行为。基于上述契机，本节梳理了社会责任信息披露领域的研究特点，为进一步探讨社会责任信息披露制度规定对企业社会责任信息披露的影响奠定基础。

　　第一，以往研究多从企业层面和个体层面考察企业社会责任信息披露的影响因素，从制度层面考察企业社会责任信息披露的研究相对不足。为数不多的关于制度规定这一影响因素的研究，主要讨论企业感知到的制度压力以及企业同行营造的制度环境压力对企业社会责任信息披露的影响（Luo et al.，2017；Marquis and Qian，2014；Sun et al.，2015），少有研究直接关注社会责任信息披露制度规定给企业社会责任信息披露行为带来的影响。我国政府颁布的社会责任信息披露规定能够直接影响企业的社会责任信息披露行为，因此企业社会责任信息披露往往决定了政府和利益相关者对企业合法性的评估（Zhang et al.，2020c，2023）。探讨社会责任信息披露制度规定对企业社会责任信息披露行为的影响，有助于理解社会责任信息披露制度规定对企业社会责任信息披露行为的影响机制，深入理解社会责任信息披露制度规定给企业社会责任信息披露带来的政策影响。基于此，本书试图从制度理论视角考察社会责任信息披露制度规定对企业社会责任信息披露行为的影响，进一步完善关于社会责任信息披露制度规定与企业社会责任信息披露行为关系的研究。

　　第二，以往研究在考察社会责任信息披露时往往将企业社会责任涵盖的多个领域视作一个整体，关注企业社会责任信息披露的整体性，如披露速度和质量等，忽视了企业社会责任的多维性以及企业在社会责任多个领域之间的权衡。实质上，企业参与的各种社会责任活动涉及的利益相关者群体之间一般存在交叉重叠，因而企业往往难以将投入的资源平均分配到不同的利益相关者群体中。这种情况下，企业在社会责任信息披露实践中，必须在社会责任多个领域之间进行权衡，以满足不同利益相关者的差异化诉求。因此，从企业社会责任的多维视角考察企业社会责任信息披露制度规定如何影响企业在社会责任多个领域之间的权衡就至关重要。此外，学者们也不断呼吁未来的研究关注企业社会责任的多维性，考察不同利益相关者群体的差异化诉求对企业社会责任履行行为的影响（Wang et al.，2020）。基于此，本书探讨了企业社会责任信息披露制度规定对企业在社会责任多个领域信息披露行为的影响。

第四节　企业绩效的相关研究

一　企业财务绩效的相关研究

学者们围绕企业社会责任履行与企业财务绩效的关系开展了一系列研究。一部分学者考察了企业社会责任履行的某一维度对财务绩效的影响，例如慈善捐赠和企业环境保护责任履行对企业财务绩效的影响。另一部分学者探讨了作为整体的企业社会责任履行对企业财务绩效的影响。

一方面，学者们考察了单一类型的社会责任履行对企业财务绩效的影响。例如，Wang 和 Qian（2011）通过分析中国上市公司 2001～2006 年的数据发现，企业慈善捐赠有助于企业获得社会政治合法性，引起利益相关者的积极反馈，从而提升企业价值。Seo 等（2021）基于 2003～2011 年美国大型上市公司的数据考察了企业慈善事业对企业财务绩效的影响，研究发现慈善事业的多样性与公司的盈利能力之间存在正相关关系。Cuypers 等（2015）探讨了企业慈善捐赠数量和捐赠质量对企业财务绩效的影响，研究发现慈善捐赠质量相对于慈善捐赠数量对企业价值的影响更大。Luo 等（2018）从声誉保险视角探讨了企业慈善事业对企业财务绩效的影响，研究发现企业慈善捐款提供了类似保险效应的好处，有助于企业在面临负面事件时减少损失，保护企业价值不受影响。Flammer（2013）通过对 1980～2009 年所有美国上市企业的环境保护相关新闻进行分析，发现企业环境保护责任履行对企业市场价值具有正向影响，具体而言，对环境负责任的企业经历了股价的大幅上涨，而对环境不负责任的企业则面临股价大幅下跌的风险。

另一方面，学者们也探讨了企业整体的社会责任履行对财务绩效的影响。以往研究表明，履行社会责任能够提升企业财务绩效，对企业价值具有正向影响。例如，Barnett 和 Salomon（2012）的研究指出，对利益相关者的影响能力是企业将社会责任投入转化为企业利润能力的基础。具体而言，尽管履行社会责任给企业带来了一定的成本，但改善企业与利益相关者的关系可以抵销这些成本。当企业的利益相关者影响能力较强时，企业从社会责任履行中获利最多。相应地，当企业对利益相关者没有影响力或者影响力较低时，企业很难从社会责任履行活动中获利，反而会蒙受损失。Kim 等（2018）通过分析 2000~2005 年 113 家美国上市企业的数据，发现企业社会责任履行与企业财务绩效正相关。当企业的竞争行为强度较大时，两者之间的正相关关系得到加强。Godfrey 等（2009）对 1993~2003 年企业面临的 178 项负面监管行动进行了事件研究，发现企业对利益相关者投入的社会责任活动提供了一种保险效应，在企业遭遇负面事件时会得到利益相关者的积极归因，能够帮助企业降低风险，保护企业价值。Shiu 和 Yang（2017）指出，在面对负面事件时，企业持续长期地参与社会责任活动会对股票和债券价格产生保险效应。Jia 等（2020）的研究也证实企业社会责任履行对负面事件导致的股票价格下降提供了相应的保险效应。

此外，一部分学者也指出社会责任履行与财务绩效之间存在非线性关系，即履行社会责任在提升企业绩效方面存在一定的天花板效应。Wang 等（2008）的研究发现，企业慈善捐赠与财务绩效之间存在倒 U 形关系。一方面，慈善捐赠使企业获得了对利益相关者资源的更大控制，进而提升企业的财务绩效。另一方面，随着慈善捐款数额的不断增加，企业的代理成本和直接成本逐渐攀升并占据主导地位，进而对财务绩效产生负面影响。Brammer 和 Millington（2008）的研究证实了企业社会责任履行与财务绩效之间的曲线关系，具体而言，企业的社会绩效异常好或者异常差时，企业往往拥有更高的财务绩效。Ma 和 Yasir（2023）基于 2011~2020 年 1645 家上市企业的样本，指出企业社会责任履行与企业财务绩效呈现倒 U 形关系。具体而言，随着企业社会责任履行水平从低到高，企业社会责任履行水平的提高对企业财务绩效产生了协同效应（正效应）。当企业社会责任履行水平持续提高时，企业社会责任履行水平的提高对企业财务绩效的竞争效应大于对企业财务绩效的协同效应（负效应）。此外，这种倒 U 形关系在 CEO 没有政治关联的企业和非国有企业的效应更加显著。

二　企业社会绩效的相关研究

企业社会责任履行已经成为企业经营管理中越来越重要的一部分，从消费者、股东、政府到社会公众等多个利益相关者都认识到了企业履行社会责任的重要性，并要求企业做出回应。然而，企业在社会责任履行实践中仍然存在较大的差异。现有研究表明，企业社会绩效的影响因素大致可以分为两类：一类是外部因素，如制度规定和利益相关者压力；另一类是内部因素，如企业治理结构、高管性格特质和价值观等。

（一）外部因素

一方面，政府的制度规定是影响企业社会绩效的重要因素。Campbell（2007）指出，政府的法律法规、行业自律组织、大众媒体、社会运动以及贸易协会等的存在都能提高企业的社会绩效。唐跃军等（2014）通过对中国 2003~2008 年 A 股上市企业数据进行分析，发现制度环境变迁降低了企业社会绩效。具体而言，市场化改革程度的提升显著降低了企业慈善捐赠的数额。Li 和 Lu（2020）基于 2009~2014 年中国上市企业的数据，发现国家的制度规定明显促进了企业的社会绩效提升，这种促进作用在政府官员有晋升动机的地区或者企业 CEO 对合法性关注程度较高时表现得更为明显。Marquis 等（2007）的研究表明，社区层面的规范性压力、监管因素、文化认知因素都能够促进企业的社会绩效提升。Wang 等（2018a）发现企业与中央政府的行政等级距离与企业的环境保护绩效之间呈现倒 U 形关系：一开始，随着企业与中央政府行政等级距离的增加，企业的环保行为逐渐增加；当行政等级距离越来越大时，企业环保行为又会减少。Chang 等（2021）发现，面对政府的精准扶贫号召，国有企业相比于非国有企业表现出更好的社会绩效，而且当企业的管理者或者董事早年有过贫困经历时，他们更愿意将企业价值与贫困人口共享，企业参与精准扶贫的意愿更强。Xiang 等（2021）考察了政府扶贫号召与企业社会绩效之间的关系，研究发现，政府对企业的依赖程度较高时，企业在面临精准扶贫时更容易表现出平均的社会绩效，以平衡企业扶贫的成本和政治合法性的威胁。

另一方面，外部利益相关者的压力是影响企业社会绩效的关键因素。David 等（2007）指出，股东提案的积极性对企业社会绩效具有负面影响。Chiu 和 Sharfman（2011）的研究发现，利益相关者压力与企业社会绩效之间显著正相关。Flammer（2015）指出，产品市场竞争显著促进了企业社会绩效提升。Marquis 和 Tilcsik（2016）的研究发现，企业所处行业和企业所在地区其他企业的社会绩效提升显著促进了目标企业的社会绩效提升。Li 和 Wang（2022）也证实了企业社会绩效的同行效应，具体表现为相同地区或相同行业企业的社会责任参与是影响目标企业社会责任决策的重要因素。Zhang 和 Luo（2013）从社会运动的角度考察了外部利益相关者压力对跨国企业社会绩效的影响，研究发现社会运动的扩散性压力和企业感知到的声誉压力均对跨国企业的社会绩效有显著促进作用。Surroca 等（2013）基于 22 个国家的 110 家跨国企业的数据探讨了利益相关者压力对企业社会绩效的影响，研究结果表明，跨国企业母国利益相关者的压力会导致企业将不良行为转移到海外子公司，因此母公司的利益相关者压力显著抑制了子公司的企业社会绩效。Zhou 和 Wang（2020）的研究指出，跨国企业母公司的声誉风险与子公司的社会绩效正相关。

（二）内部因素

首先，一部分研究表明企业的治理结构能够影响企业社会绩效。

例如，Marquis 和 Lee（2013）发现，CEO 任期、董事的社会嵌入度、董事会规模和女性高管比例均能促进企业的社会绩效提升。Fu 等（2020）基于 2005~2014 年标准普尔 500 指数企业的样本考察了企业首席可持续发展官（CSO）的任用对企业社会绩效的影响，研究表明企业 CSO 的存在增加了企业的社会责任履行活动，减少了企业对社会不负责任的行为，而且 CSO 的存在对减少企业对社会不负责任行为的影响比增加企业社会责任履行行为的影响更大。Meier 和 Schier（2021）探讨了家族企业不同类型的 CEO 对企业社会绩效的影响，研究表明家族成员担任 CEO 正向影响企业社会绩效，而家族企业中的非家族 CEO 负向影响企业社会绩效。Gong 等（2021）以 2010~2016 年的中国上市企业为样本，考察了女性董事对企业环境保护绩效的影响。他们发现，董事会中至少有三名女性董事的企业，在环保行动方面的速度更快，环保行动的质量也更高。

其次，一部分研究考察了 CEO 的个人经历对企业社会绩效的影响。许年行和李哲（2016）发现高管拥有贫困经历的企业在社会绩效方面表现得更好。O'Sullivan 等（2021）指出，CEO 早期的创伤经历与企业社会绩效正相关，CEO 遭受创伤的年龄越小，创伤事件的严重程度越高，CEO 创伤经历与企业社会绩效的正相关关系越强。Chang 等（2021）指出，当企业的管理者或者董事早年有过贫困经历时，企业社会绩效表现更好。Xu 和 Ma（2021）的研究表明，CEO 早期生活中的贫困经历与企业社会绩效水平正相关，当 CEO 受过良好的教育或者 CEO 权力较大时，CEO 贫困经历与企业社会绩效的正相关关系被强化。Choi 等（2023）发现，童年时经历过自然灾害的 CEO 领导的企业具有更高水平的社会绩效，此外当 CEO 有较好的职业前景，或社会资本较高时，CEO 童年灾害经历与企业社会绩效之间的正相关关系更强。Li 等（2023）从印记理论视角分析了 CEO 早期上山下乡的知青经历对企业环境保护责任履行行为的影响以及这种影响的边界条件，研究表明 CEO

的知青经历对企业环境保护责任履行有正向影响，而且这种影响在国有股持股比例较高的企业和 CEO 为党员的企业中被强化，在市场竞争程度较高的情况下被弱化。Zhang 等（2022d）从印记理论视角考察了高管的从军经历对企业环境保护绩效的影响，研究发现，具有军旅印记的高管，遵守规则意识和集体利益意识更加强烈，因此这类高管领导的企业环境保护绩效表现更好。同时，高管从军时的军衔等级和企业所在地的拥军文化会强化高管从军经历与企业环境保护绩效之间的正相关关系。Quan 等（2021）发现 CEO 的海外经历与企业环境保护绩效呈正相关，这种正相关关系在财务限制较少的企业、国有企业和竞争较少的行业中更为明显。Zhang 等（2022a）发现海归高管的比例与企业慈善捐赠负相关。

再次，一部分学者基于高阶理论视角探讨了企业 CEO 的个人特质对企业社会绩效的影响。Sajko 等（2021）在全球金融危机背景下探讨了 CEO 贪婪与企业社会绩效的关系，通过对美国公共组织 CEO 的样本进行分析，研究发现贪婪的 CEO 表现出的短视行为会负向影响企业的社会绩效。Tang 等（2015b）基于高阶理论视角和利益相关者视角考察了 CEO 自大与企业社会绩效的关系，研究发现自大的 CEO 往往低估利益相关者对企业的影响，较少履行社会责任，因此 CEO 自大抑制了企业的社会绩效。Zhang 等（2020a）研究指出，CEO 自大与企业污染行为显著正相关，这种正相关关系在 CEO 拥有政治关联的情况下更显著。Petrenko 等（2016）的研究指出 CEO 自恋与企业社会绩效正相关，具体来说，自恋 CEO 出于对个人形象和社会赞美的需求，往往积极参与能够给他们带来关注和吹捧的企业社会责任活动，因而 CEO 自恋促进了企业的社会绩效提升。Tang 等（2018）在此基础上进一步探讨了 CEO 自大与 CEO 自恋和企业社会绩效之间差异化的影响机制，研究发现社会责任水平高于目标企业的同行企业数量越多，CEO 自恋与企业社会绩效之间的正相关关系就越弱；而社会责任水平低于目标企业的同行企业数量越多，CEO 自大与企业社会绩效的负相关关系就越强。

最后，还有一部分研究考察了高管的认知方式、价值观以及社会背景等对企业社会绩效的影响。贾明和张喆（2010）发现高管存在政治关联的上市企业更愿意参与慈善捐款，且捐款水平更高。Chin 等（2013）发现，自由主义的 CEO 相比于保守主义的 CEO 更能提高企业的社会绩效，而且 CEO 的权力扩大会放大这种倾向。Yuan 等（2019）的研究指出，企业社会绩效随着 CEO 能力的增强而提升，具体而言，CEO 能力较强的企业会参与更多的社会责任活动和更少的不负责任活动。Jia 等（2021）的研究表明，CEO 的反思能力与企业可持续发展绩效正相关，具体而言，反思能力较强的 CEO 在企业决策中能够克服自身非理性因素的影响，考虑企业的长远发展，因此更愿意在提高企业的社会绩效方面进行投资。Ortiz-de-Mandojana 等（2019）考察了企业管理者的时间观念对企业社会绩效的影响，研究表明，年纪较大的处于职业生涯末期的企业管理者，在企业决策时往往拥有更宽广的视野，更愿意考虑后代的利益，因此企业社会绩效表现更好。Gamache 等（2020）的研究表明，CEO 的预防焦点和促进焦点均与企业社会绩效正相关，其中 CEO 的预防焦点与企业治理导向的社会绩效正相关，CEO 的促进焦点与企业社会导向的社会绩效正相关。Zhang 等（2022b）从调节焦点理论考察了高管团队的焦点关注对企业社会绩效的影响，研究表明，高管团队的预防焦点与企业环境保护绩效正相关，高管团队的促进焦点与企业环境保护绩效负相关。Breton-Miller 等（2024）基于 2007~2020 年美国 242 家上市企业 270 位 CEO 的调查数据探讨了 CEO 的宗教价值观与企业社会责任履行之间的关系，研究表明当 CEO 的宗教价值观与企业社会责任履行的某一方面产生共鸣时，CEO 的宗教价值观会对企业社会责任履行产生积极影响，而且 CEO 的宗教价值观与企业社会责任履行之间的关系因 CEO 制定企业社会责任政策而得到强化。Ren 等（2022）基于 2009~2016 年中国上市企业的数据考察了 CEO 的家乡认同感与企业社会绩效的关系，研究结果表明对家乡的认同激活了 CEO 的利他主义倾向，使他们注重企业的长期发展目标，积极地参与社会责任活动。Zhu 等（2022）的研究也证实了 CEO 的家乡关系对企业社会绩效的促进作用。Luo 等（2024）考察了 CEO 出生地的水稻文化对企业社会责任活动的影响，并从不同角度考察了两者之间关系的边界条件。研究发现，CEO 出生地的水稻文化与企业社会责任活动之间显著正相关。当 CEO 的受教育程度较高时或者 CEO 任期较短时，这种正相关关系会被强化；当企业性质为私营企业或者家族企业时，两者之间的正相关关系更加显著；当企业所在地区的发达程度较高时，两者之间的正相关关系也会被强化。Liu 等（2021）发现企业家的社会地位能够促进企业社会绩效提升，具体而言，当企业家的社会地位较高时，他们更容易感受到利益相关者的高压力，并且具备承担社会责任的能力，因此他们领导的企业在社会绩效方面表现更好。Zhou 等（2024）的研究发现，拥有社交型 CEO 的企业社会绩效水平高于没有社交型 CEO 的企业。

本书对上述具有代表性的企业社会绩效的影响因素进行了总结与梳理，具体内容如表 1-6 所示。

表 1-6　企业社会绩效的影响因素

	影响因素类别	相关研究
外部因素	制度规定	法律法规（Campbell，2007）
		制度环境（唐跃军等，2014）
		行政等级（Wang et al.，2018a）
		政府号召（Chang et al.，2021；Xiang et al.，2021）
	利益相关者压力	股东压力（David et al.，2007）
		产品市场（Flammer，2015）
		利益相关者（Chiu and Sharfman，2011；Zhang and Luo，2013；Surroca et al.，2013；Zhou and Wang，2020）

续表

	影响因素类别	相关研究
	利益相关者压力	同行压力（Marquis and Tilcsik, 2016; Li and Wang, 2022）
内部因素	治理结构	董事会规模（Marquis and Lee, 2013）
		首席可持续发展官（Fu et al., 2020）
		女性高管比例（Marquis and Lee, 2013; Gong et al., 2021）
		家族 CEO 任用（Meier and Schier, 2021）
	高管个人经历	贫穷经历（Chang et al., 2021; 许年行、李哲, 2016; Xu and Ma, 2021）
		创伤经历（O'Sullivan et al., 2021; Choi et al., 2023）
		知青经历（Li et al., 2023）
		从军经历（Zhang et al., 2022d）
		海外经历（Quan et al., 2021; Zhang et al., 2022a）
	CEO 特质	CEO 贪婪（Sajko et al., 2021）
		CEO 自大（Tang et al., 2015b; Zhang et al., 2020a; Tang et al., 2018）
		CEO 自恋（Petrenko et al., 2016; Tang et al., 2018）
	高管的认知方式、价值观与社会背景	政治关联（贾明、张喆, 2010）
		价值倾向（Chin et al., 2013）
		个人能力（Yuan et al., 2019; Jia et al., 2021）
		时间观念（Ortiz-de-Mandojana et al., 2019）
		调节焦点（Gamache et al., 2020; Zhang et al., 2022b）
		宗教价值观（Breton-Miller et al., 2024）
		家乡认同（Ren et al., 2022; Zhu et al., 2022）
		CEO 出生地的水稻文化（Luo et al., 2024）
		社会地位（Liu et al., 2021）
		社交媒体使用（Zhou et al., 2024）

资料来源：笔者根据相关文献整理。

三　企业绩效的研究评述

本节首先回顾了以往关于企业社会责任与企业财务绩效的研究，

接着从企业内外部视角分析了企业社会绩效的影响因素。从文献梳理可以看出，目前关于企业社会责任与企业绩效的研究主要存在如下几个特点。

首先，目前关于企业社会责任与企业财务绩效的研究已经比较丰富，然而，大多数研究考察了社会责任履行对企业财务绩效的影响，相比之下，少有研究考察社会责任信息披露对企业财务绩效的影响。解决这一研究问题对企业和政府而言都至关重要。一方面，企业社会责任信息披露的目的是减少企业与利益相关者之间的信息不对称，帮助企业建立长期竞争优势。探讨社会责任信息披露对企业财务绩效的影响，有助于企业结合利益相关者的反馈来调整企业披露信息的内容，进而发挥出企业社会责任信息披露的最大效用。另一方面，政府制定的社会责任信息披露政策是为了督促企业履行对利益相关者的责任，实现经济目标和社会目标的可持续发展。评估企业社会责任信息披露行为对企业绩效的影响，有助于评估企业社会责任信息披露政策能否有效促进企业社会目标和经济目标的双赢发展。基于此，本书考察了企业社会责任信息披露行为对企业财务绩效的影响。

其次，学者们虽然从多个角度探讨了企业社会绩效的影响因素，但少有研究注意到企业社会责任信息披露行为对企业社会绩效的影响。以往研究指出，企业社会绩效本质上关注的是企业与其利益相关者之间的关系（Clarkson，1995；Davenport，2000）。作为企业社会责任实践的一种显性反映，企业社会责任信息披露展示了企业如何通过多样化的社会责任投入来满足不同利益相关者的诉求。然而，企业披露的社会责任信息能否有效地实现企业与利益相关者沟通对话的目标，进而提高企业的社会绩效呢？现有研究尚未关注到这个研究问题。基于此，本书考察了企业社会责任信息披露行为对企业社会绩效的影响。

最后，以往文献要么探讨了企业财务绩效的影响因素，要么考察了企业社会绩效的影响因素，忽视了企业财务绩效和企业社会绩效作为企业绩效的整体性。近年来，随着国家对 ESG 理念的倡导和鼓励，越来越多的利益相关者开始注重企业的整体表现，既关注企业的财务绩效，也关注企业的社会绩效。例如，越来越多的投资者开始注重企业的长期价值和可持续发展绩效，将企业的 ESG 绩效纳入其投资决策中。然而，同时关注企业财务绩效和企业社会绩效的研究稍有不足。基于此，本书从企业绩效的角度出发，同时关注企业社会责任信息披露行为对企业财务绩效和企业社会绩效的影响。

第五节　本章小结

首先，本章梳理了制度理论和利益相关者理论的基本内容，回顾和总结了这两个理论的核心概念和相关研究。其次，本章对企业社会责任信息披露和企业绩效的相关文献进行了总结与梳理。通过对已有文献的回顾与分析，本章发现现有研究对企业社会责任信息披露的相关问题进行了一定的探索，但是仍然需要进一步深入研究，为本书提供了如下三点的研究启示。

第一，现有关于制度规定与社会责任信息披露关系的研究主要探讨了企业感知到的间接制度压力对于企业社会责任信息披露的影响，对于企业如何应对社会责任信息披露制度规定知之甚少。对社会责任信息披露前因的探讨一直是管理学者们重点关注的研究问题。现有研究多从企业层面和高管个人层面探讨企业社会责任信息披露的影响因素（张正勇等，2012；王士红，2016；Lewis et al.，2014；Ma et al.，2020；Rashid et al.，2020），少部分学者从制度层面探讨社会责任信息披露的前因时关注社区氛围（Sun et al.，2015）、同行压力（Seo，2021）和文化氛围（毕茜等，2015）等非正式制度因素对于企业社会责任信息披露的影响。近年来，学者们开始探讨企业感知到的制度压力对于企业社会责任信息披露的影响，例如规模较大的企业更容易感知到政府的合法性威胁进而发布社会责任报告，拥有政治关联的企业往往更容易感知到制度压力进而披露社会责任信息（Luo et al.，2017），非公有制企业更容易感知到合法性压力进而发布企业社会责任报告（Marquis and Qian，2014）。尽管这些研究探讨了企业感知到的间接制度压力对于企业社会责任信息披露的影响，但现有研究对于企业如何应对社会责任信息披露制度规定缺少讨论。基于此，本书基于制度理论的合法性管理成本视角考察了正式制度规定对企业社会责任信息披露范围和披露重点的影响，填补了这一研究空白。

第二，现有关于社会责任信息披露的研究往往从整体性视角考察企业社会责任信息披露行为，忽视了企业社会责任信息披露的多维本质。具体而言，以往关于制度规定与企业社会责任信息披露的研究往往将社会责任涵盖的多个领域视作一个整体，从整体性视角探讨企业社会责任的信息披露，如企业社会责任信息的披露速度和披露质量，或者关注制度规定对某一种特定类型社会责任信息披露的影响，如企业环境保护信息披露等。实际上，企业社会责任是一个多维度概念，包含投资者利益保护、员工利益保护、消费者权益保护、环境保护等多个领域，因此企业在披露社会责任信息时往往需要在社会责任的多个领域间进行权衡与选择。然而，现有研究尚未注意到社会责任信息披露制度规定如何影响企业在社会责任多个领域之间的信息披露选择。为了从社会责任的多维视角描述企业在社会责任多个领域之间的信息披露选择，本书从企业社会责任的多维本质出发，考察社会责任信息披露制度规定对企业在社会责任多个领域中信息披露的范围和重点的影响。

第三，以往关于企业社会责任信息披露结果变量的研究往往忽视了利益相关者发挥的作用。尽管企业社会责任信息披露后果的研究取得了一定的进展，但是现有研究尚且没有对企业社会责任信息披露进行更加细致深入的探索。鉴于企业披露社会责任信息主要是为了满足多方利益相关者的诉求，企业社会责任信息披露能否有效转化为企业的经济效益和社会效益取决于利益相关者是否认可与支持，因此有必要考察利益相关者在企业社会责任信息披露与企业绩效之间扮演的角色。此外，虽然企业社会责任信息披露与企业绩效的研究能够在一定程度上揭示利益相关者在企业社会责任信息披露中发挥的作用，但是较少注意到利益相关者预期如何影响企业社会责任信息披露与企业绩效的关系。因此，本书从工具性利益相关者视角出发，探讨企业社会责任信息披露范围和披露重点对企业财务绩效和企业社会绩效的影响，并进一步考察了利益相关者预期在企业社会责任信息披露与企业绩效之间发挥的调节作用。

综上所述，为了填补上述研究空白，本书通过整合制度理论和利益相关者理论，探讨了社会责任信息披露制度规定、企业社会责任信息披露行为与企业绩效之间的关系。首先，基于制度理论视角，本书阐述了企业在面临社会责任信息披露制度规定时如何选择企业社会责任信息的披露范围和披露重点，并揭示了利益相关者压力（企业知名度和市场竞争）在制度规定与企业社会责任信息披露行为之间的调节作用。其次，基于工具性利益相关者视角，本书揭示了企业社会责任信息披露范围和披露重点如何影响企业的财务绩效和社会绩效，并进一步阐述了利益相关者预期（社会责任敏感性行业和行业动荡性）对企业社会责任信息披露行为与企业绩效之间关系的调节作用。

| 第二章 |

上市企业社会责任信息披露的
模型构建与理论分析

第一节 关键概念界定

一 社会责任信息披露制度规定

社会责任信息披露制度规定是指我国政府颁布的一系列要求上市企业披露社会责任信息的规定。2008 年 12 月 30 日，上海证券交易所发布公告，要求"上证公司治理板块"的企业、发行外资股的企业和金融行业企业披露社会责任信息。2008 年 12 月 31 日，深圳证券交易所要求纳入"深证 100 指数"的上市企业披露社会责任信息。基于政府颁布的信息披露规定，本书考察了制度规定对上市企业社会责任信息披露行为的影响。本书的制度规定是指上市企业是否被要求披露社会责任信息（Chen et al.，2018；Wang et al.，2018b）。

二 上市企业社会责任信息披露

上市企业社会责任信息披露（Corporate Social Responsibility Disclosure of Listed Firm）是指上市企业在面临制度规定时披露其社会责任履行情况的行为。政府颁布的社会责任信息披露制度规定中明确了上市企业应当披露信息的领域，具体包括与以下利益相关者群体或议题有关的事项：股东和债权人、员工和消费者、供应商和客户、环境与可持续发展、公共关系和社区服务、企业社会责任体系建设等。当上市企业面临社会责任信息披露制度规定时，企业需要选择披露信息的社会责任领域以及企业对这些利益相关者承担社会责任的程度（Luo et al.，2017）。例如，上市企业要决定是否进行社区捐赠以及捐赠的数额、是否进行环境保护以及投入的额度等。为了更加清晰地描述上市企业社会责任信息披露行为，本书参照以往的研究从社会责任信息披露范围和社会责任信息披露重点两个维度来描述上市企业的社会责任信息披露情况（Zhang et al.，2020c）。

（一）社会责任信息披露范围

企业社会责任信息披露范围是指企业在社会责任报告中披露的企业履行社会责任的领域与社会责任信息披露制度规定的社会责任领域的一致程度（Zhang et al.，2020c；Ding et al.，2021）。例如，平安银行股份有限公司在 2016 年的社会责任报告中披露了其对股东利益的重视、对客户满意度的提升、对员工福利的保障、对社区与环境的投资、对供应商与合作伙伴的支持以及对社会责任体系的建设等情况，与制度规定中指定的社会责任领域基本保持一致。企业披露的社会责任范围反映了企业社会责任信息披露在多大程度上覆盖了社会责任信息披露制度规定中指定的社会责任领域，如员工保护、环境保护、供应商和客户保护等（Zhang et al.，2020c）。

（二）社会责任信息披露重点

企业社会责任信息披露重点是指企业在社会责任信息报告中披露的在履行社会责任领域内投入的资源和具体数额等详细情况（Zhang et al.，2020c）。例如，潞安环保能源开发股份有限公司在 2010 年参与了 32 项安全生产活动，包括建立安全管理机制、企业安全文化建设、安全检查、安全培训、消防安全、安全隐患排查等多种举措。截至 2016 年 12 月 31 日，中国平安保险（集团）股份有限公司的扶贫投入为 485.55 万元①。企业社会责任信息披露重点反映了企业社会责任信息披露在多大程度上维护了不同领域的利益相关者的利益（Zhang et al.，2020c）。

三 利益相关者压力

利益相关者压力（Stakeholder Pressure）是指企业的利益相关者对企业决策产生影响的能力（Cantrell et al.，2015；Helmig et al.，2016）。本书选取企业知名度和市场竞争来探讨不同类型的利益相关者压力对企业社会责任信息披露的影响。具体而言，当企业的知名度较高时，企业的一举一动都被利益相关者密切关注和监督，因此知名度较高的企业往往面临着来自绝大多数利益相关者的压力。当企业所在的市场竞争较为激烈时，企业对一部分消费者和客户等关键少数利益相关者的依赖性增强，因此面临激烈竞争的企业往往面临着来自关键少数利益相关者的压力。

（一）企业知名度

企业知名度是指企业因其规模、历史、声誉或其他因素而受到媒体的关注程度（Ahmadjian and Robinson，2001）。

（二）市场竞争

市场竞争是指一家企业对同行业其他企业生存的影响程度（Zhang et al.，2020a；Barnett，1997）。

四 企业绩效

企业绩效（Corporate Performance）是指企业在一定时间内所取得

---

① 资料来源：https://file.finance.sina.com.cn/211.154.219.97：9494/MRGG/CNSESH_STOCK/2017/2017-3/2017-03-23/3136802.PDF。

的成果、效益、效果等综合表现，包括财务绩效和非财务绩效两个方面（郝健等，2021）。本书参照以往的研究，用企业社会绩效来代表企业的非财务绩效（Jackson et al.，2020）。

（一）企业财务绩效

企业财务绩效一般通过企业财务报表上的总资产收益率、净资产收益率等财务指标来进行评估。企业的财务绩效直接反映了企业的盈利能力和财务健康状况。

（二）企业社会绩效

企业社会绩效是指企业在股东和债权人保护、消费者权益保护、环境保护、员工福利和可持续发展等方面的综合表现。

五 利益相关者预期

利益相关者预期（Stakeholder Expectation）是指利益相关者基于上市企业所在行业的属性或者上市企业的特征对企业抱有的期望（Wang and Qian，2011；Nason et al.，2018；Greenwood et al.，2011）。本书选取社会责任敏感性行业和行业动荡性来探讨利益相关者预期如何影响上市企业社会责任信息披露与企业绩效的关系。具体而言，当上市企业所在行业为污染行业或者食品行业等社会责任敏感性行业时，利益相关者往往期待上市企业在环境保护或者食品安全等方面披露更多的信息，对其他领域的社会责任信息的期待相对较低。当上市企业面临的行业环境较为动荡时，企业面临着外部市场的挑战与威胁，在这种情况下更加依赖利益相关者提供的信息和资源支持，因此利益相关者对上市企业社会责任信息披露的期待相对较高。

（一）社会责任敏感性行业

社会责任敏感性行业是指企业所在的行业涉及食品安全和环境污

染等方面的顾虑（陈晓易等，2020；刘柏、卢家锐，2018）。

（二）行业动荡性

行业动荡性是指企业所面临的行业环境的难以预测性和不稳定程度（Tang et al.，2015a）。

第二节　理论模型构建

企业社会责任信息披露是展示上市企业在促进全体人民共同富裕和实现人与自然和谐共生中付出努力和取得成果的重要窗口，是助力上市企业高质量发展的重要力量。鉴于上市企业社会责任信息披露在推动中国式现代化进程中发挥重要作用，上市企业社会责任信息披露的前因与后果成为学术界与业界共同关注的议题。以往关于上市企业社会责任信息披露的研究往往将企业社会责任视作一个整体性的概念，忽略了企业社会责任本质上是多维度的，涉及上市企业与多个利益相关者群体之间的关系，如投资者、消费者、供应商、员工、政府和社区等。因此，学者们呼吁从企业社会责任的多维本质出发，探讨上市企业在多个社会责任领域的信息披露行为。为了探讨相关问题，本书构建了一个上市企业社会责任信息披露的理论模型，并分别探讨了上市企业社会责任信息披露的前因与后果。本书具体的理论模型推导过程如下。

第一，随着我国政府相继出台的一系列企业社会责任信息披露制度，越来越多的上市企业在外部压力的影响下开始披露社会责任信息。鉴于企业社会责任的多维性，上市企业在面临社会责任信息披露制度规定时，如何确定企业在多个社会责任领域中的披露范围和披露重点，制定出符合上市企业发展的社会责任信息披露策略，成为学术界和业界共同关注的问题。因此，本书从制度理论的合法性管理成本视角出发，考察了社会责任信息披露制度规定对上市企业社会责任信息披露范围和披露重点的影响。一方面，关于社会责任信息披露的研究表明，社会责任信息披露制度规定给企业带来了成本，并对其财务业绩产生了负面影响。例如，Chen 等（2018）的研究指出，企业的盈利能力在被强制要求披露社会责任后呈现下降趋势。Grewal 等（2019）的研究发现，对于社会绩效表现不佳的企业而言，社会责任信息披露制度规定给企业带来了不小的代价。Ren 等（2020）发现，社会责任信息披露制度规定增加了企业环境管理活动的成本，从而对企业的财务表现产生了负面影响。Ni 和 Zhang（2019）发现社会责任信息披露制度规定显著降低了企业支付的股利，研究结论表明社会责任信息披露制度规定对利益相关者利益的维护是以股东的利益为代价的。另一方面，尽管社会责任信息披露制度规定给上市企业带来了成本，但上市企业仍然必须对这一制度规定做出回应，以获得政府和公众授予的合法性。合法性是指"在社会构建的规范、定义、信仰和价值体系中，一个主体的行为被普遍认为是可取的、适当的或恰当的"（Suchman，1995：574）。以往研究表明，合法性是企业生存和发展的基础（Marquis and Qian，2014；Wang and Qian，2011；McWilliams et al.，2006）。当上市企业被要求披露企业社会责任信息时，与政府颁布的社会责任信息披露规定保持一致被认为是适当的，能够给企业带来合法性。相比之下，违反社会责任信息披露规定被认为是不合法的，会导致企业受到政策制定者的惩罚。

考虑到社会责任信息披露制度规定给上市企业带来的合法性压力与经济成本，本书从企业社会责任信息的披露范围和披露重点两个维度考察上市企业社会责任信息披露行为。其一，企业社会责任信息披露范围为利益相关者评估上市企业的合法性压力提供了一个参照标准（Zhang et al.，2020c）。社会责任信息披露制度规定中明确了上市企业应当披露信息的社会责任领域，即上市企业应当承担对股东、债权人、员工、供应商、客户、自然环境、公共关系、企业社会责任体系建设以及生产安全的责任。与之相应，企业社会责任信息披露范围描述了上市企业是否披露了对股东和债权人、供应商和客户等利益相关者群体的责任，为政府和利益相关者评估上市企业社会责任信息披露的合法性提供了一个清晰明确的参考标准（Zhang et al.，2023）。因此，本书考察了社会责任信息披露制度规定与上市企业社会责任信息披露范围之间的关系。其二，企业社会责任信息披露重点有助于理解上市企业如何应对社会责任信息披露制度规定带来的经济成本。政府的制度规定虽然明确了上市企业应当披露信息的社会责任范围，但是并不要求上市企业的社会责任行为发生实质性的变化，即对上市企业社会责任信息披露的重点不作要求（Chen et al.，2018）。虽然企业社会责任信息披露范围维度可以评估社会责任信息披露的合法性，但它不能反映上市企业在社会责任各个领域付出的经济成本（Zhang et al.，2020c）。相比之下，企业社会责任信息披露重点描述了上市企业在具体的社会责任领域投入的资源和付出的努力，有助于判断社会责任信息披露制度规定给上市企业带来的经济成本。因此，本书同时考察了社会责任信息披露制度规定与上市企业社会责任信息披露重点之间的关系。

第二，鉴于社会责任信息披露制度要求上市企业披露对多个利益相关者群体的利益维护情况，上市企业如何响应制度要求很大程度上取决于上市企业对利益相关者压力的评估。尤其是，当上市企业感知到利益相关者压力的显著性时，往往会对某些特定类型的利益相关者给予特别的关注，进而影响上市企业的社会责任信息披露决策。因此，本书从利益相关者显著性视角出发，考察企业知名度和市场竞争作为社会责任信息披露制度规定与上市企业社会责任信息披露范围和上市企业社会责任信息披露重点之间关系的边界条件。利益相关者显著性视角指出，企业管理者感知到的利益相关者的权力、合法性均会影响企业的战略决策。一方面，当上市企业的知名度较高时，上市企业的战略决策往往受到绝大多数利益相关者群体的密切关注和监督。也就是说，相对于知名度较低的上市企业，知名度较高的上市企业管理者往往会感知到更大的利益相关者压力，因而知名度较高的上市企业在披露社会责任信息时往往会根据利益相关者合法性压力调整社会责任信息披露的范围和重点。另一方面，当上市企业所在的市场竞争激烈时，上市企业对消费者和客户等关键少数利益相关者的依赖程度增加，在这种情况下，消费者和客户相比于其他利益相关者群体往往对上市企业拥有较大的权力。也就是说，当上市企业所在的市场竞争程度较为激烈时，上市企业管理者往往会感知到消费者和客户等利益相关者对于上市企业拥有较大的权力，因而上市企业管理者在面对社会责任信息披露制度时会根据利益相关者权力的大小调整社会责任信息披露决策。因此，本书进一步从利益相关者显著性视角引入了企业知名度和市场竞争作为利益相关者压力的代理变量，进一步探讨了上市企业感知到的利益相关者压力对社会责任信息披露制度规定与上市企业社会责任信息披露范围和披露重点之间关系的影响，揭示了社会责任信息披露制度规定与上市企业社会责任信息披露行为之间的影响机制。

第三，尽管上市企业社会责任信息披露回应了政府和利益相关者的合法性压力，但上市企业社会责任信息披露能否获得利益相关者的支持进而转化为企业的整体效益，仍然不清楚。其一，上市企业社会责任信息披露能否获得利益相关者的认可与支持进而转化为企业的经济效益，尚不明确。其二，上市企业社会责任信息披露能否提升企业的社会形象与社会影响力进而提高企业的社会效益，尚不清楚。因此，本书基于工具性利益相关者视角，考察了上市企业社会责任信息披露对企业财务绩效和企业社会绩效的影响。进一步，工具性利益相关者视角指出，上市企业社会责任信息披露对企业绩效的影响在一定程度上取决于利益相关者对上市企业社会责任信息披露持有的态度。

一方面，上市企业社会责任信息披露能否有效转化为企业的经济效益取决于利益相关者对上市企业社会责任信息披露是否支持，而利益相关者对上市企业社会责任信息披露的态度往往随着企业特征的变化而变化。例如，当上市企业属于重污染行业时，利益相关者对企业披露的环境责任信息就会产生更高的预期。为了考察利益相关者预期对上市企业社会责任信息披露与企业财务绩效之间关系的影响，本书引入了社会责任敏感性行业作为调节变量。另一方面，上市企业社会责任信息披露能否有效转化为企业的社会效益取决于利益相关者对上市企业社会责任信息披露是否认可，而利益相关者对企业社会责任信息披露的态度往往取决于上市企业对社会责任信息披露的重视程度。例如，当企业所在行业环境较为动荡时，上市企业会将较多的资源和精力分配到企业的核心业务中，而将较少的资源分配到社会责任活动中。在这种情况下，企业披露的社会责任信息范围越广，披露的社会责任重点信息越多，表明上市企业对利益相关者的投入程度越高，越容易获得利益相关者的认可。为了考察利益相关者预期对上市企业社会责任信息披露与企业社会绩效之间关系的影响，本书引入了行业动荡性作为调节变量。

综上所述，本书构建了一个上市企业社会责任信息披露的理论模型，考察上市企业如何响应政府的社会责任信息披露制度规定以及上市企业社会责任信息披露行为对企业效益的影响。本书的理论模型如图2-1所示。本书的主要研究内容包括：（1）社会责任信息披露制度规定与上市企业社会责任信息披露范围和披露重点之间的关系；（2）企业知名度和市场竞争对社会责任信息披露制度规定与上市企业社会责任信息披露（披露范围与披露重点）之间关系的调节作用；（3）上市企业社会责任信息披露（披露范围与披露重点）与企业绩效（财务绩效与社会绩效）之间的关系；（4）社会责任敏感性行业对上市企业社会责任信息披露与企业财务绩效之间关系的调节作用；（5）行业动荡性对上市企业社会责任信息披露与企业社会绩效之间关系的调节作用。

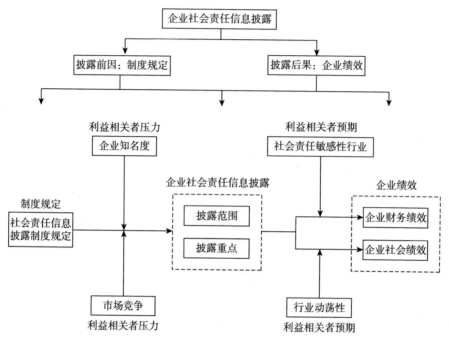

图 2-1　本书的理论模型

第三节　制度规定与上市企业社会责任信息披露的理论分析

一　制度规定对上市企业社会责任信息披露的影响

我国政府认为，企业社会责任的理念与政府构建和谐社会的政治愿景是一致的，因此政府采取了一系列的企业社会责任举措（Chen et al.，2018；Zhang et al.，2020c）。具体而言，政府在推动上市企业社会责任信息披露方面发挥了重要作用（Hung et al.，2013）。例如，2006 年 9 月 25 日，深圳证券交易所发布《上市公司社会责任指引》，鼓励在深交所上市的企业积极承担社会责任，并披露企业在如下几个方面履行社会责任的情况：股东和债权人、员工安全和消费者、供应商和客户、环境与可持续发展、公共关系和社区服务、企业社会责任体系等。尽管社会责任信息披露制度规定要求上市企业披露社会责任信息，但它并不要求企业的社会责任行为发生变化（Chen et al., 2018）。理论上来说，上市企业报告在某些企业社会责任领域没有做出努力是可行的。对于上市企业而言，社会责任信息披露制度规定主要是通过施加规范性压力来影响企业的社会责任信息披露，而不是强制性要求企业履行社会责任的压力。具体而言，虽然政府颁布的社会责任信息披露制度规定明确了上市企业需要披露信息的社会责任领域，但并没有对上市企业社会责任信息的披露标准做出规定（Luo et al., 2017）。也就是说，上市企业有相当大的自由裁量权来决定是否披露企业在社会责任多个领域的行为。例如，在被要求披露社会责任信息的上市企业中，大多数上市企业披露了员工保护、股东保护、环境保护和公共关系等常见的社会责任领域，只有小部分上市企业披露了社会责任体系建设情况。

以往研究指出，企业社会责任信息披露制度规定的主要目的是提高上市企业社会责任信息的透明度，减少上市企业与利益相关者之间的信息不对称（Ioannou and Serafeim, 2017；Hess, 2007）。社会责任信息透明度的提高可以使得政府和利益相关者能够有效地监督上市企业的社会责任履行情况（Ioannou and Serafeim, 2017；Liew and Schillebeeckx, 2020），进而奖励那些对社会负责任的上市企业或者惩罚那些对社会不负责任的上市企业。此外，社会责任信息透明度的提高使上市企业能够将自身的社会责任履行情况与竞争对手的社会责任履行情况进行比较，进而促进上市企业的社会责任履行（Dhaliwal et al., 2011；Dhaliwal et al., 2012；Fernandez-Feijoo et al., 2014；Russo-Spena et al., 2018）。尽管以往研究为社会责任信息披露制度规定与上市企业社会责任履行之间的关系提供了丰富的样本，但少有研究关注社会责任信息披露制度规定对上市企业社会责任信息披露行为的影响。

基于制度理论视角，本书认为社会责任信息披露制度规定与上市企业社会责任信息披露范围正相关，与上市企业社会责任信息披露重点负相关。当上市企业披露信息的社会责任范围与社会责任信息披露制度指定的社会责任范围保持一致时，上市企业就能获得政府授予的合法性。制度理论指出，组织通过遵守政府的制度规定和法律法规，并将合法化的元素纳入组织的正式结构中，能最大限度地提高组织的合法性，增加组织的生存机会（Meyer and Rowan，1977；Oliver and Holzinger，2008）。与之相反，那些不遵守政府制度规定和法律法规的组织会失去合法性，甚至面临惩罚（Zuckerman，1999）。具体而言，社会责任信息披露制度指定了上市企业应当披露信息的社会责任领域，这为政府和社会公众评估上市企业社会责任信息披露的合法性提供了一份参照标准（Zhang et al.，2020c）。因此，当上市企业面临社会责任信息披露制度规定时，为了获得政府授予的合法性，上市企业往往会按照信息披露制度指定的社会责任范围进行披露，并尽可能地扩大企业社会责任信息披露范围。与之相对，当上市企业没有面临社会责任信息披露制度规定时，上市企业披露社会责任信息的范围可能较小。一方面，当上市企业没有面临社会责任信息披露制度规定时，上市企业不受政府指定企业社会责任信息披露范围的限制，可以自由决定上市企业是否披露这些社会责任活动（Aragòn-Correa et al.，2020）。即便上市企业不披露社会责任信息，上市企业也不会受到政府的惩罚或者制裁（Aragòn-Correa et al.，2020）。另一方面，当上市企业没有面临社会责任信息披露制度规定时，上市企业社会责任信息披露决策的调控机制是市场力量（Liew and Schillebeeckx，2020）。以往研究表明，市场力量激励上市企业根据利益相关者的重要性有选择地披露社会责任信息，而不是驱使上市企业满足全部利益相关者的诉求（Jackson et al.，2020）。也就是说，当上市企业没有面临社会责任信息披露制度规定时，上市企业社会责任信息披露范围与政府指定的社会责任范围一致程度较低。

如前所述，信息披露制度并没有对上市企业披露的社会责任履行情况设定标准，因此上市企业只要按照规定披露一定范围内的社会责任信息就能获得政府授予的合法性（Luo et al.，2017；Marquis and Qian，2014）。基于制度理论的合法性管理成本视角，本书认为企业社会责任信息披露制度规定与上市企业社会责任信息披露重点负相关。制度理论表明，遵守政府的制度规定和法律法规能够为企业带来合法性，但制度理论也指出，遵守制度规定给企业带来了成本（Meyer and Rowan，1977）。实证检验表明，遵守社会责任信息披露制度规定确实给企业经营带来了成本（Chen et al.，2018；Ren et al.，2020）。因此，当面临社会责任信息披露制度规定时，上市企业往往面临着合法性压力与经济成本的权衡，即在社会责任活动方面投入多少资源才能既获得合法性，又不会给上市企业带来过高的经济成本。

关于制度理论的研究表明，当面临合法性压力和经济效率之间的冲突时，企业往往会战略性地采取措施以最小的成本获得合法性的策略（Jeong and Kim，2019；Xiang et al.，2021）。考虑到上市企业拥有较大的自由裁量权来决定企业社会责任信息披露水平，当面临社会责任信息披露制度规定时，上市企业很可能采取一种能够以最小的成本获得合法性的披露策略。对上市企业而言，披露社会责任重点信息意味着企业需要投入大量的精力和财政资源来实施企业社会责任，甚至要调整现有的组织结构，这会给企业经营带来高额的成本（Zhang et al.，2023）。更重要的一点是，披露社会责任重点信息难以给企业带来额外的合法性。鉴于披露社会责任信息范围已经帮助企业获得了合法性，上市企业在面临社会责任信息披露制度规定时，不太可能支付高额成本从事社会责任活动并披露企业的社会责任重点信息。此外，当没有面临社会责任信息披露制度规定时，上市企业披露社会责任重点信息的可能性反而较高。一方面，在社会责任信息披露制度规定不存在的情况下，上市企业不必面临合法性压力与经济成本之间的冲突，可以自由决定社会责任重点信息的披露情况。现有研究表明，在外界制度规定不存在的情况下，企业往往能够根据自身的经营情况酌情参与社会责任活动和披露企业的社会责任信息（Jackson et al.，2020；Lewis et al.，2014）。另一方面，在社会责任信息披露制度规定不存在的情况下，上市企业可以根据自身经营发展的需求，战略性地披露企业社会责任的重点信息。以往研究表明，市场力量不仅能够引导上市企业对关键利益相关者投入更多的资源（Jackson et al.，2020），而且还对社会责任信息披露质量较高的上市企业给予直接收益奖励（Liew and Schillebeeckx，2020）。因而，在社会责任信息披露制度规定不存在的情况下，上市企业可能会披露更多的社会责任重点信息，以获得直接收入。

综上所述，当面临社会责任信息披露制度规定时，上市企业会设置较大的社会责任信息披露范围，而披露较少的社会责任重点信息，以最小的成本获得合法性。基于以上分析，本书提出以下假设。

假设 1a：制度规定与企业社会责任信息披露范围正相关。

假设 1b：制度规定与企业社会责任信息披露重点负相关。

二 利益相关者压力的调节作用

如前所述，当面临社会责任信息披露制度规定时，上市企业会设置较大的社会责任信息披露范围和披露较少的社会责任重点信息，以降低企业获得合法性的成本。鉴于信息披露制度要求上市企业披露涉及多个利益相关者群体的信息，上市企业披露的社会责任信息可能取决于企业对多个利益相关者群体合法性管理成本的评估。当企业的合法性压力来自多个利益相关者群体时，上市企业可能会设置较大的社会责任信息披露范围，而披露较少的社会责任重点信息。当上市企业面临来自关键少数利益相关者群体的合法性压力和生存威胁时，上市企业很可能同时扩大社会责任信息披露范围和社会责任重点信息披露规模。因此，本书引入了企业知名度和市场竞争作为调节变量。具体而言，当上市企业的知名度较高时，上市企业披露的社会责任信息会受到众多利益相关者群体的关注，因此知名度较高的上市企业面临着来自绝大多数利益相关者群体的合法性压力。当上市企业所处的市场竞争激烈时，上市企业更加依赖消费者和客户等关键少数的利益相关者，因此市场竞争激烈的上市企业面临着来自关键少数利益相关者的合法性压力与生存威胁。

（一）企业知名度的调节作用

利益相关者显著性视角指出，企业管理者感知到的利益相关者的合法性压力会影响企业的战略决策。以往研究表明，企业的知名度通常与利益相关者对企业的期望和合法性压力相关（Kostova and Zaheer，1999；Goodstein，1994；Zhang et al.，2020c；Yin et al.，2023）。具体而言，知名度较高的企业往往受到媒体更多的报道（Chen and Meindl，1991；Dawkins and Fraas，2011）。随着媒体报道的增加，利益相关者和社会公众对企业的期待程度和合法性压力也逐渐增加（Tang Z. and Tang J.，2016）。本书认为，当上市企业知名度较高时，社会责任信息披露制度规定与上市企业社会责任信息披露范围和披露重点之间的关系都将得到加强，原因如下。

一方面，在面临社会责任信息披露制度规定时，知名度高的上市企业相较于知名度低的上市企业往往会受到政府和利益相关者更大的关注与期待，面临的合法性压力更高，因此知名度高的上市企业相较于知名度低的上市企业可能会设置更大的社会责任信息披露范围，以获得较多的合法性。其一，以往研究表明，知名度高的上市企业相较于知名度低的上市企业对社会责任信息披露制度规定更为敏感，更愿意遵守制度规定来追求合法性（Chiu and Sharfman，2011；Chang et al.，2019）。因此，在面临社会责任信息披露制度规定时，知名度高的上市企业相较于知名度低的上市企业有更强的动机设置更大的社会责任信息披露范围，以获得政府的合法性。其二，已有研究指出，利益相关者通常对知名度高的上市企业抱有更高的道德期望，因为利益相关者更熟悉它们（Kostova and Zaheer，1999；Marquis et al.，2016；Yin et al.，2023）。因而，当知名度高的上市企业被要求披露社会责任信息时，它们不仅需要满足政府的合法性要求，还要承受利益相关者的合法性压力。以往研究指出，社会责任信息披露范围是评估企业信息披露合法性的基石（Zhang et al.，2020c），知名度高的上市企业在面临社会责任信息披露制度规定时，相较于知名度低的上市企业会设置更大的社会责任信息披露范围以满足政府和利益相关者的期待，获得更多的合法性。

另一方面，当上市企业知名度较高时，披露企业社会责任重点信息意味着投入更多的财务资源，这会给上市企业带来更高的成本。具体来说，知名度高的上市企业开展活动通常比知名度低的上市企业受到更大规模的利益相关者群体的关注和监督（Kostova and Zaheer，1999；Goodstein，1994；Zhang et al.，2020b）。同样，与知名度低的上市企业发布的社会责任报告相比，知名度高的上市企业发布的社会责任报告会吸引更大规模的利益相关者群体的关注。因此，当知名度高的上市企业被要求披露相关信息时，它们会比知名度低的上市企业更倾向于考虑更大规模的利益相关者群体的要求。然而，向大量的利益相关者披露企业社会责任重点信息意味着投入更多的财务资源，甚至可能进一步限制企业的内部效率（Jeong and Kim，2019），因此对知名度高的上市企业来说，披露社会责任重点信息会产生更高的成本。如前所述，当上市企业被要求披露企业社会责任信息时，上市企业往往会战略性地管理企业获得合法性的成本。鉴于社会责任信息披露范围已经帮助上市企业获得合法性，在面临社会责任信息披露制度规定时，知名度高的企业不太可能花费额外的财务资源来披露企业社会责任的重点信息。基于以上分析，本书提出以下假设。

假设 2a：企业知名度强化了制度规定与企业社会责任信息披露范围之间的正相关关系。

假设 2b：企业知名度强化了制度规定与企业社会责任信息披露重点之间的负相关关系。

（二）市场竞争的调节作用

利益相关者显著性视角认为，企业管理者感知到的利益相关者的合法性压力和利益相关者的权力会影响企业的战略决策。市场竞争增加了市场环境的不确定性，使企业在资源上更加依赖关键的少数利益相关者（Tang et al.，2015b；Zhang et al.，2020a）。在市场竞争激烈的情况下，这些关键的利益相关者有更大的权力来影响上市企业行为。本书认为，市场竞争强化了社会责任信息披露制度规定与上市企业社会责任信息披露范围之间的正相关关系，并削弱了社会责任信息披露制度规定和上市企业社会责任信息披露重点之间的负相关关系，具体原因如下。

一方面，市场竞争加大了上市企业的合法性压力。因此，在面临社会责任信息披露制度规定时，市场竞争程度高的上市企业相较于市场竞争程度低的上市企业会设置更大的社会责任信息披露范围以获得合法性。以往研究指出，在同质化市场中经营的上市企业，如果不符合行业规范，就更容易面临合法性的挑战并经历业绩的下滑（Miller and Chen，1995）。也就是说，在市场竞争程度高的情况下，上市企业对合法性压力更为敏感，因此比市场竞争程度低的上市企业更愿意遵守社会责任信息披露制度规定。如前所述，当上市企业被要求披露社会责任信息时，企业社会责任信息披露范围为利益相关者评估上市企业社会责任信息披露的合法性提供了依据。基于这个逻辑，在面临社会责任信息披露制度规定时，市场竞争程度高的上市企业相较于市场竞争程度低的上市企业会设置更大的社会责任信息披露范围以获得合法性。

另一方面，市场竞争增加了上市企业对关键少数利益相关者的依赖。因此，在面临社会责任信息披露制度规定时，市场竞争程度高的上市企业相较于市场竞争程度低的上市企业会披露更多的社会责任重点信息，向企业关键的利益相关者示好。具体来说，市场竞争增加了市场的不确定性，加剧了资源的稀缺性，使上市企业在资源上更加依赖特定的利益相关者（Tang et al.，2015b；Zhang et al.，2020a）。例如，拥有客户忠诚度的企业可以在高度竞争的环境中保持其市场份额，而那些没有客户忠诚度的上市企业可能会将其市场份额输给竞争对手（Tang et al.，2015b）。以往研究指出，掌握了知识和技能的员工是企业在竞争激烈的市场中获胜的关键优势（Lado and Wilson，1994）。此外，来自汽车行业的证据表明，专业的供应商网络为企业在竞争性市场中提供了重要的竞争优势（Dyer，1996）。鉴于企业社会责任本质上是以利益相关者为导向的（Hambrick and Wowak，2021），披露社会责任重点信息的上市企业更有可能向关键的利益相关者（例如，客户、员工和供应商）示好，并在市场竞争激烈时赢得利益相关者的信任与支持。披露企业社会责任重点信息可能会给上市企业带来成本，但它也决定了上市企业能否在高度竞争的市场中生存下来。也就是说，在竞争性市场中披露社会责任重点信息的好处（在竞争中获胜）超过了披露社会责任重点信息的成本。因此，在面临社会责任信息披露制度规定时，市场竞争程度高的上市企业相较于市场竞争程度低的上市企业会披露更多的社会责任重点信息。基于以上分析，本书提出以下假设。

假设 3a：市场竞争强化了制度规定与企业社会责任信息披露范围

之间的正相关关系。

假设 3b：市场竞争弱化了制度规定与企业社会责任信息披露重点之间的负相关关系。

第四节　上市企业社会责任信息披露
与企业绩效的理论分析

企业社会责任信息披露是上市企业社会责任实践的一种显性反映，一方面展示了上市企业如何通过多样化的活动形式和资源投入来满足利益相关者的需求（黄艺翔、姚铮，2016），另一方面也展示了上市企业作为市场主体对整个社会做出的贡献。企业社会责任信息披露作为企业与利益相关者对话的关键途径，在提升企业绩效方面发挥着不可忽视的作用。基于工具性利益相关者视角，本书分别考察了上市企业社会责任信息披露对企业财务绩效和企业社会绩效的影响。

一　上市企业社会责任信息披露对企业财务绩效的影响

工具性利益相关者视角指出，企业与利益相关者之间建立的道德关系能够提升企业的竞争优势、改善企业的财务绩效（Donaldson and Preston，1995；Jones，1995；Jones et al.，2018）。基于工具性利益相关者视角，本书认为上市企业社会责任信息披露与企业财务绩效正相关。一方面，上市企业社会责任信息披露范围越广，涉及的利益相关者群体越大，上市企业的财务绩效越好。具体来说，企业社会责任信息披露范围降低了上市企业与政府、投资者、消费者、员工、供应商和社区等群体之间的信息不对称（Chen et al.，2018；Ioannou and Serafeim，2017），展示了上市企业对商业道德的遵守（Koh et al.，2023），对投资者利益的关注（郑培培等，2017），对消费者合法权益的维护（Servaes and Tamayo，2013），对劳动者健康和安全的保障

（Francis et al.，2019），以及对社区发展的支持等情况。以往研究指出，企业披露社会责任信息有助于树立良好的形象，提升自身的品牌价值和市场认可度，吸引潜在的消费者，提升市场份额和财务绩效（Servaes and Tamayo，2013；Luo and Bhattacharya，2006；陈承等，2019）。相比之下，上市企业披露信息的社会责任范围越小，涉及的利益相关者群体越小，越可能限制上市企业在利益相关者群体中品牌形象和市场认可度的提升，进而导致潜在的消费者倾向于选择披露社会责任信息范围较广的上市企业。因此，上市企业披露的社会责任信息范围越广，获得利益相关者支持的群体越大，上市企业的财务绩效越好。

另一方面，上市企业披露的社会责任重点信息越多，对利益相关者的投入越多，上市企业的财务绩效越好。具体而言，上市企业披露的社会责任重点信息包括上市企业对投资者、员工和消费者等群体投入资源的详细信息，展示了上市企业对利益相关者的重视程度（Zhang et al.，2020c）。反过来，上市企业披露的投资者保护情况会吸引更多的投资者关注企业，增强投资者的投资意愿，有助于上市企业获得更多的资金支持（郑培培等，2017；Elliott et al.，2014）。上市企业披露的员工保护情况能够提高员工的忠诚度，提升他们的工作满意度和工作幸福感，进而提高企业的运营效率和业务绩效（Wang et al.，2023；Zhang et al.，2022d）。与此同时，上市企业社会责任重点信息披露越少，对利益相关者的投入程度越低，越会削弱利益相关者对上市企业的信任。这会导致投资者和员工对上市企业的支持程度下降，可能对上市企业财务绩效产生负面影响。因此，上市企业社会责任重点信息披露越多，获得利益相关者支持的程度就越高，上市企业财务绩效越好。综上所述，企业社会责任信息披露范围和企业社会责任信息披露重点均能影响上市企业财务绩效。企业社会责任信息披露范围通过获得大规模利益相关者群体的支持提升上市企业财务绩效，企业社会责任信息披露重点通过获得利益相关者较高的支持程度来提升上市企业财务绩效。因此，本书提出以下假设。

假设4a：企业社会责任信息披露范围与企业财务绩效正相关。

假设4b：企业社会责任信息披露重点与企业财务绩效正相关。

二 社会责任敏感性行业的调节作用

社会责任敏感性行业是指采矿业、食品行业和重污染行业（陈晓易等，2020；刘柏、卢家锐，2018）。与社会责任非敏感性行业相比，社会责任敏感性行业往往因为涉及食品安全和环境污染等问题而受到社会公众的广泛关注和质疑（陈晓易等，2020；刘柏、卢家锐，2018；Marquis and Bird，2018）。当上市企业属于社会责任敏感性行业时，上市企业社会责任信息披露更加关键，因为上市企业社会责任信息披露直接反映了上市企业是否满足监管部门的要求，以及是否满足利益相关者对上市企业的预期（黄艺翔、姚铮，2016）。本书认为，社会责任敏感性行业会弱化上市企业社会责任信息披露范围与企业财务绩效之间的正相关关系，并强化上市企业社会责任信息披露重点与企业财务绩效之间的正相关关系。

一方面，相对于社会责任非敏感性行业，社会责任敏感性行业限制了社会责任信息披露范围对上市企业财务绩效的影响。以往研究指出，与社会责任非敏感性行业相比，社会责任敏感性行业上市企业更容易受到利益相关者和社会大众对企业形象的质疑与批判（陈晓易等，2020；刘柏、卢家锐，2018；黄艺翔、姚铮，2016）。具体而言，由于对自然环境的破坏，采矿业和重污染行业的上市企业更容易受到利益相关者对上市企业环境问题的审查与批判（Marquis et al.，2016；Shabana et al.，2017）。对食品行业而言，从2008年的"毒奶粉"到2010年的"地沟油"，再到2022年的"黑心酸菜"，食品行业频频爆出的生产安全问题引发了社会各界和利益相关者对食品安全的关注。

这些负面事件的曝光严重损害了利益相关者对社会责任敏感性行业上市企业的信任，因此社会责任敏感性行业披露的社会责任信息往往更难获得利益相关者的认可与支持。当上市企业属于社会责任敏感性行业时，上市企业披露信息的社会责任范围虽然全面地概述了企业在不同领域履行社会责任的情况，但缺乏对利益相关者关注领域的详细描述和具体介绍，因而不能满足利益相关者对企业社会责任信息披露的预期。考虑到社会责任信息披露范围通过赢得利益相关者的支持来提升上市企业财务绩效，因此，相对于社会责任非敏感性行业，社会责任敏感性行业会弱化企业社会责任信息披露范围与上市企业财务绩效之间的正相关关系。

另一方面，相对于社会责任非敏感性行业，社会责任敏感性行业上市企业披露社会责任重点信息更容易获得利益相关者的关注与支持。如前所述，当上市企业属于社会责任敏感性行业时，社会大众和利益相关者往往格外关注上市企业披露的社会责任重点信息（陈晓易等，2020；刘柏、卢家锐，2018）。例如，利益相关者会更加关注食品行业上市企业对食品生产安全的投入情况。同样，利益相关者会更加关注污染行业上市企业对排污控制和环境保护的投入情况。在这种情况下，社会责任敏感性行业上市企业披露的社会责任重点信息展示了上市企业对利益相关者诉求的重视程度，满足了利益相关者对上市企业社会责任投入和信息披露的预期，因而更容易获得利益相关者的支持。考虑到企业社会责任信息披露重点通过赢得利益相关者的支持来提升上市企业财务绩效，因而社会责任敏感性行业会强化企业社会责任信息披露重点与上市企业财务绩效之间的正相关关系。基于以上分析，本书提出以下假设。

假设 5a：社会责任敏感性行业弱化了企业社会责任信息披露范围与企业财务绩效之间的正相关关系。

假设 5b：社会责任敏感性行业强化了企业社会责任信息披露重点

与企业财务绩效之间的正相关关系。

三 上市企业社会责任信息披露对企业社会绩效的影响

以往研究指出，企业社会绩效本质上关注的是企业与利益相关者之间的关系（Clarkson，1991；Davenport，2000）。企业社会责任信息披露作为上市企业与利益相关者对话的平台，旨在改善上市企业与利益相关者之间的关系，即提高企业社会绩效（Vurro and Perrini，2011）。工具性利益相关者视角指出，企业通过与利益相关者进行沟通和对话建立相互信任的合作关系，能够改善企业的社会绩效（Donaldson and Preston，1995；Jones，1995）。基于工具性利益相关者视角，本书认为上市企业社会责任信息披露会正向影响企业社会绩效。

一方面，上市企业披露信息的社会责任范围越广，涉及的利益相关者群体就越大，上市企业的社会绩效越好。以往研究表明，利益相关者的认可与支持是上市企业提升社会绩效的重要途径，而利益相关者对上市企业履行社会责任的信心取决于利益相关者对上市企业社会责任信息披露的了解程度（Grewatsch and Kleindienst，2017）。具体而言，当上市企业披露了多个领域的社会责任信息时，例如环境保护、员工福利、社区支持等，上市企业与利益相关者之间的信息差距可以减少。向利益相关者展示上市企业在多个领域的社会责任意识和行动，有助于增加利益相关者对上市企业的信任（Grewatsch and Kleindienst，2017），促进合作伙伴关系的建立和维护，进而提高上市企业的社会绩效（Vurro and Perrini，2011）。与此同时，当上市企业披露信息的社会责任范围较小，仅披露了有限领域的社会责任信息时，在一定程度上会降低上市企业在利益相关者之间的认可度，导致利益相关者对上市企业的信任度降低，影响上市企业与利益相关者的关系和企业社会绩效。因此，上市企业社会责任信息披露范围越广，获得的利益相关者认可越多，上市企业的社会绩效越好。

另一方面，上市企业披露的社会责任重点信息越多，表明对利益相关者的投入越多，上市企业的社会绩效越好。上市企业披露的社会责任重点信息展示了上市企业在社会责任实践中的具体成果和行动计划，详细展示了上市企业在社会责任领域投入的资源以及上市企业维护利益相关者利益的具体细节，进一步提升了利益相关者对上市企业的信任和认可（Vurro and Perrini, 2011）。具体而言，上市企业披露的社会责任重点信息可以为利益相关者提供更全面和具体的信息，增加上市企业社会责任的透明度和公信力，进而推动上市企业在社会绩效方面的持续改善（Pérez-Cornejo et al., 2020）。与之相对，如果上市企业披露的社会责任重点信息较少，仅提供一些基本的社会责任信息，缺乏具体的数据和目标，则可能会限制利益相关者对上市企业社会绩效的了解和评估，导致利益相关者对上市企业的社会绩效持怀疑态度，负向影响上市企业的社会绩效。因此，上市企业披露的社会责任重点信息越多，获得利益相关者认可与信任的程度越高，上市企业的社会绩效越好。

综上所述，上市企业披露信息的社会责任范围和披露的社会责任重点信息均对企业社会绩效具有重要影响。上市企业披露信息的社会责任范围有助于减少上市企业与利益相关者之间的信息差距，提升利益相关者对上市企业社会责任的了解程度，树立企业良好的社会形象，进而促进上市企业与利益相关者之间合作伙伴关系的建立，提高上市企业的社会绩效。上市企业披露的社会责任重点信息能够提高企业的透明度和公信力，进一步强化利益相关者对上市企业的信任和认可，推动上市企业在社会绩效方面的持续改善。基于以上分析，本书提出以下假设。

假设 6a：企业社会责任信息披露范围与企业社会绩效正相关。

假设 6b：企业社会责任信息披露重点与企业社会绩效正相关。

四 行业动荡性的调节作用

行业动荡性是指某个行业在一定时期内经历的不稳定、不确定和波动的情况（Tang et al.，2015a，2015b；Nadkarni and Chen，2014）。行业动荡性通常会导致市场不确定性增加，给企业带来更多的挑战和风险（Li and Tang，2010；李巍、黄磊，2013）。一方面，外部环境的动荡会影响企业内部资源的分配（Do et al.，2022）。随着行业环境动荡性的增加，上市企业需要把更多的资源用于应对外界的挑战和降低环境中的不确定性（Tang et al.，2015b；Li and Tang，2010），将更少的资源分配给企业的社会责任信息披露。另一方面，随着行业环境动荡性的增加，市场需求越来越难以预测，上市企业对利益相关者的依赖程度增强（Tang et al.，2015b），利益相关者相对于上市企业的权力提高，因而利益相关者对上市企业承担社会责任的预期相对较高。本书认为，行业动荡性会强化社会责任信息披露范围和披露重点与上市企业社会绩效之间的正相关关系。

第一，与平稳的行业环境相比，行业动荡性会增强企业社会责任信息披露范围与社会绩效之间的正相关关系。以往研究表明，在高度动荡的行业环境中，市场的不稳定程度和不可预测程度相对较高（李巍、黄磊，2013），上市企业往往更加关注企业核心业务相关的创新投入，例如通过新产品开发和技术升级来应对外界环境的挑战和市场的不确定性（Yang and Li，2011）。因此，当行业动荡性较高时，上市企业往往将更多的资源和精力集中在企业的核心业务活动上，将较少的资源分配到与企业核心业务关系不大的社会责任中。在这种情况下，上市企业披露信息的社会责任范围越广，越能彰显企业在动荡行业环境中对利益相关者关系的维护程度，因此更容易获得利益相关者的认可与支持，进而改善上市企业的社会绩效。因而，与平稳的行业环境相比，行业动荡性会加强企业社会责任信息披露范围与社会绩效之间的正相关关系。

　　第二，与平稳的行业环境相比，上市企业在动荡行业环境中披露社会责任重点信息更能获得利益相关者的认可与信任。一方面，在高度动荡的行业环境中，上市企业面临的不确定性更强，因而企业往往将更多的资源用于应对外部的挑战和投入企业核心业务活动（Yang and Li，2011），将较少的资源分配给企业的社会责任履行活动。在这种情况下，上市企业披露的社会责任重点信息越多，对利益相关者的投资力度越大，越能表明上市企业将有限的资源优先分配给上市企业的利益相关者，越能彰显上市企业对利益相关者的重视。因而上市企业在动荡环境中披露社会责任重点信息更容易获得利益相关者的信任与支持，提升上市企业的社会绩效。另一方面，在高度动荡的行业环境中，上市企业面临着外部市场的挑战与威胁，更加依赖利益相关者提供的信息和资源支持（Tang et al.，2015b）。随着上市企业对利益相关者的依赖程度提升，利益相关者对上市企业的权力和社会责任预期提高。在这种情况下，上市企业披露的社会责任重点信息越多，为利益相关者提供的社会责任信息越全面和具体，越能够满足利益相关者对上市企业社会责任信息披露的高度预期，获得利益相关者的信任与支持，进而提升企业社会绩效。因此行业动荡性强化了企业社会责任信息披露重点与上市企业社会绩效之间的正相关关系。基于以上分析，本书提出以下假设。

　　假设 7a：行业动荡性强化了企业社会责任信息披露范围与企业社会绩效之间的正相关关系。

　　假设 7b：行业动荡性强化了企业社会责任信息披露重点与企业社会绩效之间的正相关关系。

第五节　本章小结

　　本书构建了一个上市企业社会责任信息披露的理论模型。首先，从制度理论的合法性管理成本视角出发，本书考察了社会责任信息披露制度规定对上市企业社会责任信息披露范围和披露重点的影响，并探讨了利益相关者压力（企业知名度和市场竞争）的调节作用。其次，基于工具性利益相关者视角，本书探讨了上市企业社会责任信息披露范围和披露重点对上市企业绩效的影响，并分别探讨了社会责任敏感性行业对社会责任信息披露与企业财务绩效之间关系的调节作用，以及行业动荡性对社会责任信息披露与企业社会绩效之间关系的调节作用。在理论推导过程中，本书共提出了 14 个理论假设。表 2-1 汇总了本书所有的研究假设。

表 2-1　研究假设汇总

假设	假设内容
假设 1a	制度规定与企业社会责任信息披露范围正相关
假设 1b	制度规定与企业社会责任信息披露重点负相关
假设 2a	企业知名度强化了制度规定与企业社会责任信息披露范围之间的正相关关系
假设 2b	企业知名度强化了制度规定与企业社会责任信息披露重点之间的负相关关系
假设 3a	市场竞争强化了制度规定与企业社会责任信息披露范围之间的正相关关系
假设 3b	市场竞争弱化了制度规定与企业社会责任信息披露重点之间的负相关关系
假设 4a	企业社会责任信息披露范围与企业财务绩效正相关
假设 4b	企业社会责任信息披露重点与企业财务绩效正相关
假设 5a	社会责任敏感性行业弱化了企业社会责任信息披露范围与企业财务绩效之间的正相关关系
假设 5b	社会责任敏感性行业强化了企业社会责任信息披露重点与企业财务绩效之间的正相关关系
假设 6a	企业社会责任信息披露范围与企业社会绩效正相关
假设 6b	企业社会责任信息披露重点与企业社会绩效正相关
假设 7a	行业动荡性强化了企业社会责任信息披露范围与企业社会绩效之间的正相关关系
假设 7b	行业动荡性强化了企业社会责任信息披露重点与企业社会绩效之间的正相关关系

第三章

制度规定与上市企业社会责任
信息披露的实证研究

本书构建了一个上市企业社会责任信息披露的理论模型。在第一阶段，本书考察了社会责任信息披露制度规定对上市企业社会责任信息披露范围和披露重点的影响，并探讨了利益相关者压力（企业知名度和市场竞争）的调节作用。在第二阶段，本书探讨了上市企业社会责任信息披露范围和披露重点对企业绩效的影响，并分别探讨了社会责任敏感性行业对社会责任信息披露与企业财务绩效之间关系的调节作用，以及行业动荡性对社会责任信息披露与企业社会绩效之间关系的调节作用。考虑到上市企业社会责任信息披露第一阶段和第二阶段涉及的自变量和因变量不同，为了避免变量之间的混淆，本书的第三章和第四章分别对上市企业社会责任信息披露理论模型中第一阶段和第二阶段涉及的相关假设进行了实证检验。

第一节　研究设计

一　数据来源与样本选择

本章的研究样本涵盖了 2008~2018 年发布企业社会责任报告的 A

股上市企业。研究样本从 2008 年开始是因为我国在这一年开始颁布具体的企业社会责任信息披露指引及规定。本章的数据来源主要有 CSMAR 数据库、上交所官方网站、深交所指数机构和中国研究数据服务平台，具体变量的数据来源如下。

首先，本章的企业社会责任数据来自 CSMAR 数据库的中国上市公司企业社会责任研究数据库，该数据库从 10 个领域描述了企业社会责任信息披露情况，具体包括股东保护、债权人保护、员工保护、供应商保护、客户保护、环境保护、公共关系、企业社会责任体系建设、工作安全以及企业缺陷。根据以往的研究，本书删除了企业缺陷领域，因为这个领域与企业的社会责任没有直接关系（Zhang et al.，2020c）。本书使用中国上市公司企业社会责任研究数据库中的两张数据表来衡量企业披露的社会责任信息范围和社会责任重点信息。第一张表描述了企业是否参与上述 9 个领域的社会责任活动。第二张表描述了企业在社会责任的 9 个领域投入的资源和付出的努力，包括企业参与社会责任领域的名称和具体的投入数值。例如，中国东方航空股份有限公司在 2014 年参与了 10 项员工保护活动，包括员工职业培训、医疗保健和福利促进等。中国神华能源股份有限公司在 2013 年参与了 20 项环境保护活动，包括水资源保护、低碳能源开发、绿色矿业、节能环保项目建设等。上海复星医药（集团）股份有限公司在 2016 年参与了 25 项安全生产活动，包括安全培训、火灾预防、员工体检、改善职业健康设施等。

其次，本书从上交所官方网站（http://www.sse.com.cn）和深交所指数机构（http://www.cnindex.com.cn）手动收集企业社会责任信息披露制度的数据。

最后，企业知名度的数据来自中国研究数据服务平台（https://www.cnrds.com）。这个数据库包含了来自 600 多家主要报纸和几家主流财经报纸所报道的中国上市企业新闻。市场竞争的数据也是从

CSMAR 数据库中获得的。本章其余的控制变量均来自 CSMAR 数据库。

本章最终的研究样本包含 2008~2018 年 1096 家上市企业的 6800 个观测值。

二 变量测量与模型设定

（一）因变量

本章的因变量是企业社会责任信息披露范围和企业社会责任信息披露重点。对于这两个变量的测量，本章参照了 Zhang 等（2020c）的计算方式。

1. 企业社会责任信息披露范围

企业社会责任信息披露范围（*CSR scope*）描述的是企业披露信息的社会责任领域与社会责任信息披露制度规定的社会责任领域的一致程度（Zhang et al.，2020c）。当不同企业披露信息的社会责任领域数量一致时，不同社会责任领域的重要性在不同行业之间可能存在差异，因此需要确定单一的社会责任领域在全部社会责任领域中所占的权重。具体而言，参照 Zhang 等（2020c）的计算方式，本书使用概念网络的方法计算每个社会责任领域的权重。

首先，本书以 9 个社会责任信息披露领域作为列，以披露社会责任信息的企业作为行，分年份分行业创建了一个企业社会责任信息披露的二维关联矩阵，矩阵中的数字代表目标企业在给定的社会责任领域披露社会责任活动的数量。

其次，为了进一步确定每个社会责任领域的重要性，本书将二维关联矩阵（样本企业和企业社会责任领域）转换为单一维度的概念网络（企业社会责任领域），这个概念网络描述了不同的企业社会责任领域是否同时发生以及它们之间联系的紧密程度。在这个概念网络中，与其他社会责任领域联系更紧密的社会责任领域被视为一个行业在一个年度内最重要的企业社会责任领域。

最后，为了评估每个社会责任领域的重要性，本书计算了单一概念网络的特征向量中心值作为每个社会责任领域重要性的权重系数。

基于每个社会责任领域重要性的权重系数，本书参照以往的研究，将企业社会责任领域重要性的权重系数与企业披露信息的社会责任领域（虚拟变量）的乘积之和作为企业社会责任信息披露范围的测量方式（Zhang et al.，2020c；Fiss et al.，2012），分数越高表明企业披露信息的社会责任范围越广。具体的计算公式如下：

$$CSR\ scope\ =\ \sum_1^9 CSR_{it} CEN_{i(t-1)} \tag{3-1}$$

式中：$CSR\ scope$ 代表企业社会责任信息的披露范围，t 代表时间，i 代表企业社会责任领域，CSR_{it} 是指企业在时间 t 内是否披露了企业社会责任领域 i 的信息，$CEN_{i(t-1)}$ 是企业社会责任领域 i 在时间 $t-1$ 的特征向量中心值。

2. 企业社会责任信息披露重点

企业社会责任信息披露重点（$CSR\ emphasis$）是指企业披露的在每个社会责任领域的具体投入情况，衡量了企业在社会责任信息披露中的努力程度（Zhang et al.，2020c）。考虑到本书对企业社会责任信息披露重点与 Zhang 等（2020c）的研究中略有不同，本书在以往研究的基础上调整了企业社会责任信息披露重点的测量方式。具体而言，本书去除了企业社会责任信息披露重点中的行业调整部分。参照以往的研究，本书首先计算了企业在每个社会责任领域投入的资源占企业全部投入资源的百分比，这个数值衡量了企业在每个社会责任领域的努力程度。其次，考虑到企业披露社会责任信息的重要性可能随着时间的推移而发生变化，本书使用前文计算的不同企业社会责任领域重要性的权重系数乘以企业在每个社会责任领域的努力程度。最后，通过将企业社会责任领域重要性的权重系数与企业在社会责任信息披露中的努力程度的乘积之和进行加总，得到本书的企业社会责任信息披露重点的具体数值，分数越高表明企业披露的社会责任重点信息越多。具体的计算公式如下：

$$CSR\ emphasis = \sum_{1}^{9} FE_{it} CEN_{i(t-1)} \tag{3-2}$$

式中：$CSR\ emphasis$ 代表企业社会责任信息的披露重点，t 代表时间，i 代表企业社会责任领域，FE_{it} 是指企业在时间 t 内对企业社会责任领域 i 的重视程度，它以企业分配给每个企业社会责任领域的努力的百分比来衡量，$CEN_{i(t-1)}$ 是企业社会责任领域 i 在时间 $t-1$ 的特征向量中心值。参照以往的研究（Zhang et al.，2020c），为了便于对不同企业社会责任信息披露进行比较，在随后的数据分析中，两个因变量的数据都进行了标准化。

（二）自变量

本章的自变量是社会责任信息披露制度规定（*Institutional regulation*）。社会责任信息披露制度是指我国政府颁布的一系列要求上市企业披露社会责任信息的规定。2008 年 12 月 30 日，上海证券交易所发布公告，要求"上证公司治理板块"的企业、发行外资股的企业和金融行业企业披露社会责任信息。2008 年 12 月 31 日，深圳证券交易所要求纳入"深证 100 指数"的上市企业披露社会责任信息。参照以往的研究（Chen et al.，2018；Marquis and Qian，2014；Wang et al.，2018b），社会责任信息披露制度规定的测量采取虚拟变量。具体而言，如果企业被要求披露社会责任信息，则赋值为 1，否则为 0。

（三）调节变量

1. 企业知名度

参照以往的研究，本书的企业知名度（*Firm visibility*）是以企业受到的媒体关注程度来衡量的（Chiu and Sharfman，2011；Chang et al.，2019；Kim and Davis，2016）。笔者从 CNRDS 数据库中手动提取本书中的样本企业在过去 12 个月内被主流媒体报道的次数，主要包括《中国日报》、《21 世纪经济报道》、《中国经营报》、《经济观察报》、《证券时报》和《中国经济周刊》。考虑到媒体报道对于具有良好声誉的企业来说是高度倾斜的，因此本书使用新闻报道数量的自然对数来衡量企业受到的媒体关注程度（Kim and Davis，2016）。

2. 市场竞争

本书的市场竞争（*Market competition*）以赫芬达尔指数来衡量，通过将行业中每个企业的市场份额的平方相加而得到（Li et al.，2008；Guo et al.，2017）。其中，市场份额是指一个企业的销售收入在整个行业销售收入中所占的比例（Banbury and Mitchell，1995）。激烈的市场竞争意味着行业中的企业数量更多，但每个企业的市场份额更小。因此市场竞争越激烈，赫芬达尔指数的数值就越小。为了使实证检验的结果更加直观，本书参照以往的研究，在数据分析中使用赫芬达尔指数的相反数来表征市场竞争程度（Li et al.，2008）。因此，赫芬达尔指数的相反数越大，代表市场竞争越激烈。

（四）控制变量

本章控制了一系列可能影响企业社会责任信息披露范围和企业社会责任信息披露重点的变量。

首先，根据以往的研究，本章控制了一组企业层面的变量。考虑到规模较大的企业在社会责任信息披露中可能面临更强的制度规定，因此本章控制了企业规模（*Firm size*）。企业规模通过企业总资产的自然对数来衡量（Petrenko et al.，2016）。成立时间较长的企业往往会更加注重自身声誉，可能会披露更多的社会责任信息，因此本章控制了企业成立以来的年限（*Firm age*）（Zhang et al.，2020a）。财务绩效表现良好的企业往往会在企业社会责任方面投入更多的资源，因此本章控制了企业的总资产收益率（*ROA*）和企业的冗余资源（*Flow ratio*）

（Tang et al., 2015b）。其中，总资产收益率通过计算企业净利润与企业总资产的比值得到，冗余资源通过计算企业流动资产与流动负债的比值得到。本章还控制了企业经营风险（Firm risk）对社会责任信息披露的影响，企业经营风险通过计算企业息税前利润与税前利润的比值来衡量（Tang et al., 2018）。本章还控制了企业所有权（Firm ownership）对社会责任信息披露的影响，企业所有权使用虚拟变量衡量，当企业属于国有企业时，赋值为1，否则为0。

其次，基于以往的研究，本章还控制了可能影响企业社会责任信息披露的企业治理结构以及企业 CEO 的特征。为了控制企业治理结构对企业社会责任信息披露的影响，本章控制了董事会独立性和 CEO 二元性（Tang et al., 2015b; Petrenko et al., 2016）。董事会独立性（Board independence）使用独立董事占所有董事的比例来衡量。CEO 二元性（CEO duality）是虚拟变量，如果 CEO 同时担任董事长，CEO 二元性赋值为1，否则为0。考虑到企业社会责任信息披露在 CEO 不同年龄阶段的重要性可能有所不同，本章控制了 CEO 年龄（CEO age）（Marquez-Illescas et al., 2019; Petrenko et al., 2016）。企业社会责任信息披露可能随 CEO 性别的不同而发生变化，因此本章控制了 CEO 性别（Male CEO）。如果 CEO 是男性，赋值为1；如果 CEO 是女性，赋值为0。

最后，本章控制了企业所在省份的人均 GDP（GDP per capita），因为经济发达地区的企业可能会在社会责任方面投入更多的资源（Li and Lu，2020）。以往研究指出，同行企业的社会责任信息披露也会影响企业的社会责任投入（Cao et al., 2019），因此，本章还控制了同行企业的社会责任信息披露范围（Peer scope）和披露重点（Peer emphasis）对企业社会责任信息披露的影响。此外，本章还控制了年份和行业的虚拟变量。

表 3-1 列出了本章所有变量的符号和测量方法。

表 3-1　变量定义与说明

变量类别	变量名称	变量符号	变量定义
因变量	企业社会责任信息披露范围	*CSR scope*	企业在每个社会责任领域信息披露情况与企业社会责任领域重要性权重系数的乘积之和
	企业社会责任信息披露重点	*CSR emphasis*	企业在每个社会责任领域投入资源占比与企业社会责任领域重要性权重系数的乘积之和
自变量	制度规定	*Institutional regulation*	企业被要求披露社会责任信息，则赋值为1，否则为0
调节变量	企业知名度	*Firm visibility*	新闻报道数量的自然对数
	市场竞争	*Market competition*	行业中每个企业的市场份额的平方相加的相反数
控制变量	企业规模	*Firm size*	企业总资产的自然对数
	企业年龄	*Firm age*	企业成立以来的年限
	总资产收益率	*ROA*	企业净利润与企业总资产的比值
	冗余资源	*Flow ratio*	企业流动资产与流动负债的比值
	经营风险	*Firm risk*	企业息税前利润与税前利润的比值
	企业所有权	*Firm ownership*	当企业为国有企业时，赋值为1，否则为0
	董事会独立性	*Board independence*	独立董事占所有董事的比例
	CEO 二元性	*CEO duality*	CEO 同时担任董事长，赋值为1，否则为0
	CEO 年龄	*CEO age*	CEO 的年龄
	CEO 性别	*Male CEO*	男性 CEO 赋值为1，女性 CEO 赋值为0
	地区经济发展	*GDP per capita*	企业所在省份的人均 GDP
	同行披露范围	*Peer scope*	企业所在行业其他企业社会责任信息披露范围的均值
	同行披露重点	*Peer emphasis*	企业所在行业其他企业社会责任信息披露重点的均值

（五）模型设定

本章使用企业固定效应模型来进行假设检验，以控制各企业之间未观察到的时间变量差异（Zhang et al.，2020c）。在进行假设检验之前，本章先进行了豪斯曼检验来测量企业固定效应是否适合本书的回归模型。检验结果表明固定效应相比于随机效应更适合本章的模型设定。本章具体的回归方程如下：

$$Y = \beta_0 + \beta_1 \, Institutional \; regulation + \beta_2 \, Moderators +$$
$$\beta_3 \, Institutional \; regulation \times Moderators +$$
$$\beta_4 \, Controls + Year + Industry + \varepsilon \qquad (3-3)$$

式中：Y 是回归模型的因变量，$Institutional \; regulation$ 是回归模型的自变量，$Moderators$ 代表回归模型的调节变量，$Institutional \; regulation \times Moderators$ 代表自变量与调节变量的交互项，$Controls$ 代表回归模型中所有的控制变量，β_0 代表回归模型的截距项，$Year$ 和 $Industry$ 分别代表年份虚拟变量和行业虚拟变量，ε 代表回归模型的随机干扰项。

当因变量 Y 为企业社会责任信息披露范围（CSR scope）时，根据假设 1a（制度规定与企业社会责任信息披露范围正相关），$Institutional \; regulation$ 的系数 β_1 应该显著为正。当 $Moderators$ 为企业知名度（Firm visibility）时，根据假设 2a（企业知名度强化了制度规定与企业社会责任信息披露范围之间的正相关关系），交互项（$Institutional \; regulation \times Firm \; visibility$）的系数 β_3 应该显著为正。当 $Moderators$ 为市场竞争（Market competition）时，根据假设 3a（市场竞争强化了制度规定与企业社会责任信息披露范围之间的正相关关系），交互项（$Institutional \; regulation \times Market \; competition$）的系数 β_3 应该显著为正。

当因变量 Y 为企业社会责任信息披露重点（CSR emphasis）时，根据假设 1b（制度规定与企业社会责任信息披露重点负相关），$Institutional \; regulation$ 的系数 β_1 应该显著为负。当 $Moderators$ 为企业知名度（Firm visibility）时，根据假设 2b（企业知名度强化了制度规定与企业社会责任信息披露重点之间的负相关关系），交互项（*Institutional regulation×Firm visibility*）的系数 β_3 应该显著为负。当 *Moderators* 为市场竞争（*Market competition*）时，根据假设 3b（市场竞争弱化了制度规定与企业社会责任信息披露重点之间的负相关关系），交互项（*Institutional regulation×Market competition*）的系数 β_3 应该显著为负。

第二节　描述性统计与相关性分析

表 3-2 列出了本章所有变量的描述性统计数值，包括变量的平均值、标准差、中位数以及最小值和最大值。从表 3-2 中可以看出，社会责任信息披露制度规定的平均值为 0.5856，这表明样本中 58.56% 的企业被要求披露社会责任信息。企业社会责任信息披露范围和企业社会责任信息披露重点均是标准化后的数值，因此平均值和标准差分别为 0.0000 和 1.0000。企业的平均年龄为 16.5051 年，说明上市企业成立的年限普遍不长。企业所有权的平均值为 0.5900，说明国有企业占比为 59.00%，表明样本中超过半数的企业为国有企业。董事会独立性的平均值为 0.3743，表明独立董事占全体董事比例的平均值为 37.43%，符合证监会要求独立董事至少应占全体董事数量的 1/3。CEO 二元性的平均值为 0.1713，说明 17.13% 的企业 CEO 同时担任董事长。男性 CEO 的平均值为 0.9512，说明样本中 95.12% 的企业均为男性 CEO 领导。CEO 年龄的平均值为 50.5240 岁，说明我国上市企业的 CEO 年龄普遍较大。

表 3-2　变量的描述性统计

变量	平均值	标准差	中位数	最小值	最大值
CSR scope	0.0000	1.0000	0.1705	−6.0365	1.4169
CSR emphasis	0.0000	1.0000	−0.3356	−0.8383	10.5634
Institutional regulation	0.5856	0.4927	1.0000	0.0000	1.0000

续表

变量	平均值	标准差	中位数	最小值	最大值
Firm size	23.2545	1.7696	22.9934	18.2659	30.9524
Firm age	16.5051	5.7311	17.0000	0.0000	38.0000
ROA	0.0423	0.1112	0.0348	-0.2112	0.4451
Flow ratio	2.0776	2.9459	1.4763	0.0794	4.6671
Firm risk	2.1621	30.4139	1.1186	-7.6457	24.7736
Firm ownership	0.5900	0.4919	1.0000	0.0000	1.0000
Board independence	0.3743	0.0585	0.3636	0.1000	0.8000
CEO duality	0.1713	0.3768	0.0000	0.0000	1.0000
CEO age	50.5240	6.3206	51.0000	24.0000	81.0000
Male CEO	0.9512	0.2155	1.0000	0.0000	1.0000
GDP per capita	0.6759	0.3060	0.6347	0.0882	1.4021
Firm visibility	2.2053	1.4392	2.1972	0.0000	8.1242
Market competition	-0.2149	0.1854	-0.1576	-1.0000	0.0000
Peer scope	0.7875	0.1116	0.8066	0.0000	1.0000
Peer emphasis	0.4350	0.2504	0.4000	0.0000	2.0000

资料来源：笔者根据数据分析结果整理。

表 3-3 列出了本章所有变量之间的相关系数。如表 3-3 所示，各个变量之间的相关系数均在可接受的范围之内。此外，学者们通过计算方差膨胀因子（VIF）来判断变量之间是否存在多重共线性，当 VIF 大于 10 时，说明变量之间存在严重的多重共线性，会影响回归模型的设定（Ryan，2008）。本章所有变量的 VIF 最大为 1.96，小于 VIF 的判断标准，说明变量之间不存在多重共线性问题。

表 3-3 变量的相关性分析

	变量	1	2	3	4	5
1	*CSR scope*	1.0000***				
2	*CSR emphasis*	0.1337***	1.0000			
3	*Institutional regulation*	-0.0813***	0.1014***	1.0000		

续表

	变量	1	2	3	4	5
4	*Firm size*	-0.0830^{***}	0.2629^{***}	0.4516^{***}	1.0000	
5	*Firm age*	-0.0641^{***}	0.0329^{***}	0.0898^{***}	0.1487^{***}	1.0000
6	*ROA*	0.0408^{***}	0.0075	-0.0089	-0.0862^{***}	-0.0573^{***}
7	*Flow ratio*	0.0232^{*}	-0.0789^{***}	-0.1243^{***}	-0.2024^{***}	-0.1012^{***}
8	*Firm risk*	0.0063	-0.0037	-0.0197	-0.0070	-0.0266^{***}
9	*Firm ownership*	-0.0539^{***}	0.2182^{***}	0.3336^{***}	0.2450^{***}	0.0966^{***}
10	*Board independence*	0.0000	-0.0055	0.0215	0.0674^{***}	-0.0583^{***}
11	*CEO duality*	0.0178	-0.0930^{***}	-0.1356^{***}	-0.1348^{***}	-0.0387^{***}
12	*CEO age*	0.0239^{**}	0.1364^{***}	0.0832^{***}	0.2152^{***}	0.1774^{***}
13	*Male CEO*	0.0003	0.0239^{**}	0.0255^{**}	0.0239^{**}	-0.0377^{***}
14	*GDP per capita*	-0.0998^{***}	0.0648^{***}	0.0640^{***}	0.2331^{***}	0.1667^{***}
15	*Firm visibility*	0.0496^{***}	0.1171^{***}	0.2414^{***}	0.3032^{***}	-0.0935^{***}
16	*Market competition*	0.0151	0.0477^{***}	-0.0227^{*}	0.0946^{***}	0.0954^{***}
17	*Peer scope*	0.1168^{***}	0.0406^{***}	-0.0561^{***}	-0.1105^{***}	-0.0257^{***}
18	*Peer emphasis*	0.0620^{***}	0.3141^{***}	0.1118^{***}	0.2489^{***}	0.0200^{***}
	变量	6	7	8	9	10
6	*ROA*	1.0000				
7	*Flow ratio*	0.0831^{***}	1.0000			
8	*Firm risk*	-0.0193	-0.0091	1.0000		
9	*Firm ownership*	-0.0621^{***}	-0.1414^{***}	0.0154	1.0000	
10	*Board independence*	-0.0174	-0.0237^{***}	-0.0020	-0.0040	1.0000
11	*CEO duality*	0.0651^{***}	0.1087^{***}	-0.0102	-0.2701^{***}	0.0903^{***}
12	*CEO age*	-0.0094	-0.0184	-0.0100	0.1022^{***}	0.0418^{***}
13	*Male CEO*	-0.0170	-0.0006	0.0064	0.0637^{***}	-0.0220
14	*GDP per capita*	-0.0335^{***}	0.0024	-0.0209	0.0042	0.0780^{***}
15	*Firm visibility*	0.0599^{***}	-0.0672^{***}	-0.0215^{*}	0.0734^{***}	0.0875^{***}
16	*Market competition*	-0.0326^{***}	0.0024	0.0060	-0.0054	-0.0094
17	*Peer scope*	0.0305^{**}	-0.0055	0.0061	-0.0103	-0.0006
18	*Peer emphasis*	0.0184	-0.0743^{***}	-0.0032	0.2058^{***}	-0.0256^{**}

	变量	11	12	13	14	15
11	*CEO duality*	1.0000				
12	*CEO age*	0.0775***	1.0000			
13	*Male CEO*	0.0034	0.0719***	1.0000		
14	*GDP per capita*	0.0655***	0.2072***	0.0232*	1.0000	
15	*Firm visibility*	−0.0050	−0.0227**	−0.0074	−0.0808***	1.0000
16	*Market competition*	0.0264**	0.0665***	0.0148	0.1351***	−0.0452***
17	*Peer scope*	0.0107	0.0016	−0.0236*	−0.0462***	0.0763***
18	*Peer emphasis*	−0.1073***	0.1416***	0.0559***	0.0247**	0.0433***

	变量	16	17	18		
16	*Market competition*	1.0000				
17	*Peer scope*	0.4045***	1.0000			
18	*Peer emphasis*	0.1707***	0.2325***	1.0000		

注：*、**和***分别代表在10%、5%和1%的水平下显著。

资料来源：笔者根据检验结果整理。

第三节　假设检验

一　制度规定与企业社会责任信息披露范围

表3-4报告了制度规定（*Institutional regulation*）与企业社会责任信息披露范围（*CSR scope*）的回归结果。在表3-4中，模型1到模型5的因变量是企业社会责任信息披露范围，对本书的假设1a、假设2a和假设3a进行检验。其中，模型1是基准模型，包含所有的控制变量。模型2加入社会责任信息披露制度规定检验主效应。模型3和模型4分别加入企业知名度和市场竞争的交互项检验调节效应。模型5包含所有变量。

本书的假设1a提出，企业社会责任信息披露制度规定正向影响上市企业社会责任信息的披露范围。根据表 3-4 中的模型 2，制度规定与企业社会责任信息披露范围之间的回归系数为正，而且在统计上是显著的（$\beta = 0.1080$，$p < 0.05$）。因此，假设 1a 得到支持。假设 2a 认为企业知名度会强化社会责任信息披露制度规定与企业社会责任信息披露范围之间的正相关关系。根据表 3-4 中的模型 3，交互项（*Institutional regulation × Firm visibility*）的系数显著为正（$\beta = 0.0533$，$p < 0.05$），假设 2a 得到支持。为了更加直观展示企业知名度对社会责任信息披露制度规定与社会责任信息披露范围之间关系的调节效应，本书绘制了企业知名度对主关系的调节效应图。如图 3-1 所示，相对于知名度低的上市企业，在知名度高的上市企业中，企业社会责任信息披露制度规定与企业社会责任信息披露范围之间的正相关关系变得更强。企业知名度的高和低分别是指企业知名度高于和低于平均值的一个标准差。

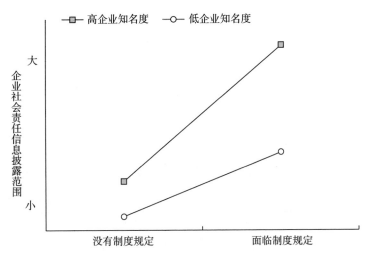

图 3-1　企业知名度对制度规定与企业社会责任信息披露范围之间关系的调节效应

假设 3a 认为市场竞争会强化社会责任信息披露制度规定与企业社会责任信息披露范围之间的正相关关系。根据表 3-4 中的模型 4，交互项（*Institutional regulation×Market competition*）的系数为正但不显著（$\beta=0.1914$，p>0.10）。因此，假设 3a 未能得到验证。

表 3-4　制度规定与企业社会责任信息披露范围的回归结果（固定效应）

变量	企业社会责任信息披露范围				
	模型 1	模型 2	模型 3	模型 4	模型 5
Firm size	-0.0001	-0.0128	-0.0081	-0.0109	-0.0057
	(-0.0047)	(-0.4315)	(-0.2710)	(-0.3651)	(-0.1927)
Firm age	0.0039	0.0097	0.0081	0.0097	0.0080
	(0.3422)	(0.8325)	(0.6940)	(0.8282)	(0.6854)
ROA	0.1443[+]	0.1372	0.1430	0.1368	0.1428
	(1.6495)	(1.5693)	(1.6360)	(1.5649)	(1.6329)
Flow ratio	-0.0003	-0.0003	0.0001	-0.0005	-0.0001
	(-0.0700)	(-0.0741)	(0.0162)	(-0.1148)	(-0.0270)
Firm risk	0.0005	0.0005	0.0004	0.0005	0.0004
	(1.4683)	(1.4685)	(1.3773)	(1.4679)	(1.3742)
Firm ownership	0.0462	0.0412	0.0442	0.0428	0.0459
	(0.5616)	(0.5013)	(0.5370)	(0.5197)	(0.5586)
Board independence	0.0495	0.0445	0.0518	0.0505	0.0586
	(0.1938)	(0.1744)	(0.2029)	(0.1977)	(0.2298)
CEO duality	-0.1003[*]	-0.1020[*]	-0.0999[*]	-0.1007[*]	-0.0984[*]
	(-2.5223)	(-2.5653)	(-2.5135)	(-2.5318)	(-2.4747)
CEO age	0.0010	0.0008	0.0008	0.0008	0.0008
	(0.4523)	(0.3619)	(0.3554)	(0.3504)	(0.3424)
Male CEO	0.0175	0.0162	0.0147	0.0176	0.0163
	(0.2791)	(0.2577)	(0.2345)	(0.2803)	(0.2591)
GDP per capita	0.3068[+]	0.2704[+]	0.2528	0.2739[+]	0.2563
	(1.8741)	(1.6464)	(1.5387)	(1.6678)	(1.5598)
Firm visibility	0.0315[**]	0.0306[**]	0.0202[+]	0.0304[**]	0.0197[+]
	(3.1535)	(3.0615)	(1.8689)	(3.0420)	(1.8213)

续表

变量	企业社会责任信息披露范围				
	模型 1	模型 2	模型 3	模型 4	模型 5
Market competition	−0.1444	−0.1475	−0.1407	−0.1540	−0.1477
	(−1.2898)	(−1.3179)	(−1.2569)	(−1.3739)	(−1.3182)
Peer scope	0.1363	0.1229	0.1132	0.1499	0.1431
	(1.0608)	(0.9564)	(0.8809)	(1.1486)	(1.0970)
Institutional regulation		0.1080*	0.0970*	0.1059*	0.0943*
		(2.5688)	(2.2953)	(2.5156)	(2.2289)
Institutional regulation× *Firm visibility*			0.0533*		0.0547**
			(2.5762)		(2.6434)
Institutional regulation× *Market competition*				0.1914	0.2140
				(1.1908)	(1.3301)
常数项	−0.3820	−0.2047	−0.2251	−0.2694	−0.2979
	(−0.5193)	(−0.2772)	(−0.3049)	(−0.3638)	(−0.4025)
年份虚拟变量	Yes	Yes	Yes	Yes	Yes
行业虚拟变量	Yes	Yes	Yes	Yes	Yes
样本量	6800	6800	6800	6800	6800
R^2	0.0303	0.0314	0.0325	0.0316	0.0328

注：括号内为 t 统计值，+$p<0.10$，*$p<0.05$，**$p<0.01$，***$p<0.001$。

二 制度规定与企业社会责任信息披露重点

表 3-5 报告了制度规定（*Institutional regulation*）与企业社会责任信息披露重点（*CSR emphasis*）的回归结果。模型 1 到模型 5 的因变量是企业社会责任信息披露重点，对本书的假设 1b、假设 2b 和假设 3b 进行检验。模型 1 是基准模型，包含所有控制变量。模型 2 加入社会责任信息披露制度规定检验主效应。模型 3 和模型 4 分别加入企业知名度和市场竞争的交互项检验调节效应。模型 5 包含所有变量。本书所有交互项均进行了中心化操作以避免潜在的多重共线性问题（Tang et al.，2015b）。

假设 1b 提出，制度规定负向影响上市企业社会责任信息披露重点。根据表 3-5 中的模型 2，制度规定与企业社会责任信息披露重点之间的回归系数显著为负（$\beta=-0.0866$，$p<0.05$）。因此，假设 1b 得到支持。假设 2b 认为企业知名度会强化制度规定与企业社会责任信息披露重点之间的负相关关系。根据表 3-5 中的模型 3，交互项（Institutional regulation×Firm visibility）的系数显著为负（$\beta=-0.0453$，$p<0.01$）。因此，假设 2b 得到了验证。如图 3-2 所示，相对于知名度低的上市企业，在知名度高的上市企业中，制度规定与企业社会责任信息披露重点之间的负相关关系变得更强。

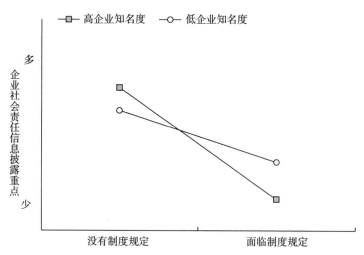

图 3-2　企业知名度对制度规定与企业社会责任信息披露重点之间关系的调节效应

假设 3b 认为市场竞争会弱化制度规定与企业社会责任信息披露重点之间的负相关关系。根据表 3-5 中的模型 4，交互项（Institutional regulation×Market competition）的系数显著为正（$\beta=0.3152$，$p<0.05$）。因此，假设 3b 得到了验证。如图 3-3 所示，相对于市场竞争程度低的上市企业，在市场竞争程度高的上市企业中，制度规定与企业社会责任信息披露重点之间的负相关关系变得更弱。

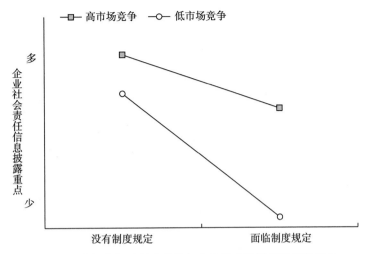

**图 3-3　市场竞争对制度规定与企业社会责任信息披露重点
之间关系的调节效应**

表 3-5　制度规定与企业社会责任信息披露重点的回归结果（固定效应）

变量	企业社会责任信息披露重点				
	模型 1	模型 2	模型 3	模型 4	模型 5
Firm size	−0.0183	−0.0081	−0.0122	−0.0051	−0.0092
	(−0.7458)	(−0.3276)	(−0.4918)	(−0.2069)	(−0.3702)
Firm age	0.0565 ***	0.0517 ***	0.0530 ***	0.0513 ***	0.0526 ***
	(5.8947)	(5.2924)	(5.4221)	(5.2537)	(5.3787)
ROA	0.2560 ***	0.2615 ***	0.2566 ***	0.2613 ***	0.2567 ***
	(3.4892)	(3.5635)	(3.4979)	(3.5627)	(3.5002)
Flow ratio	−0.0015	−0.0015	−0.0018	−0.0018	−0.0021
	(−0.4082)	(−0.4053)	(−0.4979)	(−0.4894)	(−0.5724)
Firm risk	0.0000	0.0000	0.0001	0.0000	0.0001
	(0.1444)	(0.1455)	(0.2382)	(0.1445)	(0.2328)
Firm ownership	0.0701	0.0741	0.0716	0.0766	0.0741
	(1.0196)	(1.0783)	(1.0426)	(1.1146)	(1.0783)
Board independence	0.0814	0.0861	0.0804	0.0987	0.0926
	(0.3818)	(0.4038)	(0.3774)	(0.4633)	(0.4346)

续表

变量	企业社会责任信息披露重点				
	模型 1	模型 2	模型 3	模型 4	模型 5
CEO duality	−0.0439	−0.0426	−0.0444	−0.0406	−0.0425
	(−1.3212)	(−1.2820)	(−1.3368)	(−1.2226)	(−1.2782)
CEO age	0.0009	0.0011	0.0011	0.0010	0.0011
	(0.4860)	(0.5714)	(0.5781)	(0.5473)	(0.5551)
Male CEO	0.0112	0.0121	0.0132	0.0138	0.0148
	(0.2132)	(0.2311)	(0.2528)	(0.2640)	(0.2827)
GDP per capita	−0.0288	0.0009	0.0161	0.0081	0.0221
	(−0.2105)	(0.0063)	(0.1173)	(0.0588)	(0.1611)
Firm visibility	0.0112	0.0120	0.0210*	0.0121	0.0206*
	(1.3486)	(1.4481)	(2.3382)	(1.4534)	(2.2938)
Market competition	−0.1626$^+$	−0.1572$^+$	−0.1606$^+$	−0.1542$^+$	−0.1575$^+$
	(−1.8447)	(−1.7844)	(−1.8227)	(−1.7500)	(−1.7884)
Peer emphasis	0.0342	0.0368	0.0368	0.0364	0.0364
	(0.5493)	(0.5917)	(0.5927)	(0.5851)	(0.5864)
Institutional regulation		−0.0866*	−0.0771*	−0.0896*	−0.0804*
		(−2.4672)	(−2.1857)	(−2.5504)	(−2.2761)
Institutional regulation× *Firm visibility*			−0.0453**		−0.0431*
			(−2.6259)		(−2.4941)
Institutional regulation× *Market competition*				0.3152*	0.2962*
				(2.3837)	(2.2378)
常数项	−0.5026	−0.6334	−0.6070	−0.6909	−0.6624
	(−0.8326)	(−1.0458)	(−1.0026)	(−1.1403)	(−1.0935)
年份虚拟变量	Yes	Yes	Yes	Yes	Yes
行业虚拟变量	Yes	Yes	Yes	Yes	Yes
样本量	6800	6800	6800	6800	6800
R^2	0.0417	0.0427	0.0439	0.0437	0.0447

注：括号内为 t 统计值，$+p<0.10$，$*p<0.05$，$**p<0.01$，$***p<0.001$。

第四节　稳健性检验

为了确保回归结果的稳健性，本章进行了一系列的稳健性分析。

第一，考虑到上市企业是否面临社会责任信息披露制度规定不是随机选择的，而是证监会根据上市企业特质或者行业属性而有意识选择的结果。因此，如果忽视了证监会对社会责任信息披露企业的选择过程而直接考虑制度规定对上市企业社会责任信息披露的影响，对主效应的估计就存在一定的偏差（Shaver，1998）。为了缓解社会责任信息披露制度规定非随机选择带来的内生性问题，本章使用倾向性得分匹配（PSM）来匹配面临社会责任信息披露制度规定的上市企业和没有面临社会责任信息披露制度规定的上市企业（Rosenbaum and Rubin，1983）。在第一阶段，本章采用 Logit 回归分析来估计上市企业被要求披露社会责任信息的概率。具体来说，本章使用企业年龄、企业规模、冗余资源、CEO 二元性、CEO 年龄、CEO 性别、企业知名度和市场竞争来生成企业的倾向性得分。在第二阶段，基于第一阶段得到的倾向性得分，本章采用 1∶4 的近邻匹配，对倾向性得分在 0.01 以内的样本进行匹配，生成面临社会责任信息披露制度规定的上市企业组作为实验组和没有面临社会责任信息披露制度规定的上市企业组作为控制组。本书继续在匹配样本的基础上对研究假设进行了检验。表 3-6 汇报了 PSM 匹配回归后制度规定与企业社会责任信息披露范围的回归结果，关键变量回归系数的显著性与表 3-4 的结果基本保持一致。表 3-7 汇报了 PSM 匹配回归后制度规定与企业社会责任信息披露重点的回归结果，关键变量回归系数的显著性与表 3-5 的结果基本保持一致。PSM 回归结果表明，在修正了自变量的非随机选择问题后，本书的研究结果仍然得到了支持。

第二，本章考察社会责任信息披露制度规定对上市企业社会责任信息披露的影响，因此研究样本均是披露了社会责任信息的上市企业。那些没有披露社会责任信息的上市企业，由于数据的缺失并不包含在观测值范围之内，因此本章研究样本的非随机选择问题可能会对主效应的估计产生一定的偏差。为了纠正样本选择偏差引起的内生性问题，本章使用 Heckman 两阶段方法对研究样本进行了回归（Heckman，1979）。在第一阶段，以上市企业是否披露社会责任信息的虚拟变量作为因变量，采用 Probit 回归计算逆米尔斯比率（*Inverse mills ratio*）（Katmon and Farooque，2017）。在第一阶段的回归中，本章参照以往的研究采用企业上市的证券交易所作为外生的排除性限制条件（Marquis and Qian，2014）。以往研究表明，证券交易所是一个合适的工具变量，因为它对上市企业社会责任信息披露质量没有具体要求，但是会影响上市企业是否被要求披露社会责任信息（Marquis and Qian，2014）。在第二阶段的回归中，将第一阶段得到的逆米尔斯比率系数加入所有的回归模型中（Zhang et al.，2020a）。表 3-8 汇报了 Heckman 第二阶段的制度规定与企业社会责任信息披露范围的回归结果。表 3-9 汇报了 Heckman 第二阶段的制度规定与企业社会责任信息披露重点的回归结果。其中，第一阶段得到的逆米尔斯比率系数在第二阶段的回归中均存在一定的显著性，说明数据存在一定的样本选择偏差。表 3-8 中关键变量回归系数的显著性与表 3-4 的结果基本保持一致，表 3-9 中关键变量回归系数的显著性与表 3-5 的结果基本保持一致。Heckman 第二阶段的回归结果表明，在修正了样本选择偏差后，本书的研究结果依然得到了支持。

第三，本章更换了因变量的测量方式来检验回归结果的稳健性。考虑到前文对 Zhang 等（2020c）研究中的社会责任信息披露重点的测量方式进行了改编，即删除了社会责任信息披露重点中行业调整的部分，为了确保回归结果的稳健性，本章继续使用 Zhang 等（2020c）研究中企业社会责任信息披露重点的测量方式对研究模型进行了回归。回归结果如表 3-10 所示，与表 3-5 的回归结果基本保持一致。回归结果表明，在更换因变量的测量方式后，本书的研究结果依然成立。

表 3-6　制度规定与企业社会责任信息披露范围的 PSM 回归结果

变量	企业社会责任信息披露范围				
	模型 1	模型 2	模型 3	模型 4	模型 5
Firm size	0.0107	−0.0026	−0.0000	0.0047	0.0076
	(0.2812)	(−0.0677)	(−0.0007)	(0.1215)	(0.1988)
Firm age	0.0238^{+}	0.0303^{*}	0.0298^{*}	0.0293^{*}	0.0287^{+}
	(1.6517)	(2.0627)	(2.0289)	(1.9941)	(1.9559)
ROA	0.2386	0.2258	0.2395	0.2503	0.2657
	(1.0389)	(0.9832)	(1.0430)	(1.0900)	(1.1571)
Flow ratio	−0.0089	−0.0092	−0.0088	−0.0098	−0.0094
	(−1.2416)	(−1.2867)	(−1.2277)	(−1.3746)	(−1.3148)
Firm risk	−0.0047	−0.0046	−0.0045	−0.0049	−0.0048
	(−0.8410)	(−0.8145)	(−0.7954)	(−0.8687)	(−0.8502)
Firm ownership	0.1430	0.1431	0.1442	0.1500	0.1515
	(1.3682)	(1.3692)	(1.3809)	(1.4366)	(1.4514)
Board independence	−0.0617	−0.0808	−0.0719	−0.0771	−0.0676
	(−0.1790)	(−0.2345)	(−0.2088)	(−0.2240)	(−0.1964)
CEO duality	−0.0590	−0.0623	−0.0613	−0.0574	−0.0562
	(−1.1901)	(−1.2565)	(−1.2380)	(−1.1590)	(−1.1360)
CEO age	−0.0005	−0.0006	−0.0005	−0.0007	−0.0006
	(−0.1763)	(−0.2128)	(−0.1962)	(−0.2474)	(−0.2309)
Male CEO	0.0168	0.0157	0.0157	0.0266	0.0269
	(0.2194)	(0.2048)	(0.2044)	(0.3470)	(0.3513)
GDP per capita	−0.0147	−0.0458	−0.0544	−0.0444	−0.0535
	(−0.0708)	(−0.2201)	(−0.2614)	(−0.2133)	(−0.2570)
Firm visibility	−0.0178	−0.0188	−0.0186	−0.0211	−0.0209
	(−0.9941)	(−1.0452)	(−1.0344)	(−1.1736)	(−1.1665)

续表

变量	企业社会责任信息披露范围				
	模型 1	模型 2	模型 3	模型 4	模型 5
Market competition	−0.0249	−0.0327	−0.0347	−0.0107	−0.0122
	(−0.1713)	(−0.2246)	(−0.2387)	(−0.0735)	(−0.0835)
Peer scope	0.1096	0.0937	0.0927	0.1659	0.1671
	(0.7065)	(0.6034)	(0.5970)	(1.0542)	(1.0628)
Institutional regulation		0.1105*	0.1014*	0.1053*	0.0954*
		(2.3101)	(2.1101)	(2.2011)	(1.9857)
Institutional regulation× *Firm visibility*			0.0530+		0.0564*
			(1.9469)		(2.0709)
Institutional regulation× *Market competition*				0.5293**	0.5467**
				(2.7489)	(2.8380)
常数项	−0.5310	−0.3640	−0.3930	−0.5400	−0.5766
	(−0.5853)	(−0.4002)	(−0.4322)	(−0.5927)	(−0.6331)
年份虚拟变量	Yes	Yes	Yes	Yes	Yes
行业虚拟变量	Yes	Yes	Yes	Yes	Yes
样本量	4740	4740	4740	4740	4740
R^2	0.0302	0.0316	0.0326	0.0336	0.0347

注：括号内为 t 统计值，+$p<0.10$，*$p<0.05$，**$p<0.01$，***$p<0.001$。

表 3-7　制度规定与企业社会责任信息披露重点的 PSM 回归结果

变量	企业社会责任信息披露重点				
	模型 1	模型 2	模型 3	模型 4	模型 5
Firm size	−0.0149	−0.0050	−0.0072	−0.0000	−0.0023
	(−0.5025)	(−0.1670)	(−0.2401)	(−0.0012)	(−0.0764)
Firm age	0.0555***	0.0505***	0.0509***	0.0494***	0.0498***
	(4.9324)	(4.4033)	(4.4400)	(4.3012)	(4.3393)
ROA	0.3898*	0.3994*	0.3876*	0.4174*	0.4055*
	(2.1700)	(2.2239)	(2.1580)	(2.3241)	(2.2577)

续表

变量	企业社会责任信息披露重点				
	模型 1	模型 2	模型 3	模型 4	模型 5
Flow ratio	−0.0059	−0.0057	−0.0061	−0.0062	−0.0065
	(−1.0605)	(−1.0203)	(−1.0853)	(−1.1016)	(−1.1606)
Firm risk	0.0005	0.0004	0.0003	0.0002	0.0001
	(0.1232)	(0.0977)	(0.0765)	(0.0511)	(0.0325)
Firm ownership	0.0468	0.0468	0.0458	0.0512	0.0501
	(0.5722)	(0.5725)	(0.5609)	(0.6262)	(0.6133)
Board independence	0.2688	0.2842	0.2767	0.2910	0.2837
	(0.9981)	(1.0555)	(1.0282)	(1.0817)	(1.0547)
CEO duality	−0.0204	−0.0180	−0.0189	−0.0148	−0.0157
	(−0.5270)	(−0.4657)	(−0.4870)	(−0.3834)	(−0.4065)
CEO age	−0.0007	−0.0006	−0.0007	−0.0007	−0.0008
	(−0.3291)	(−0.2976)	(−0.3168)	(−0.3347)	(−0.3516)
Male CEO	0.0232	0.0239	0.0239	0.0307	0.0305
	(0.3878)	(0.3988)	(0.3995)	(0.5121)	(0.5088)
GDP per capita	0.0673	0.0908	0.0982	0.0933	0.1002
	(0.4140)	(0.5580)	(0.6033)	(0.5735)	(0.6161)
Firm visibility	0.0129	0.0136	0.0134	0.0121	0.0120
	(0.9179)	(0.9690)	(0.9576)	(0.8589)	(0.8519)
Market competition	−0.1367	−0.1270	−0.1251	−0.0921	−0.0916
	(−1.3052)	(−1.2125)	(−1.1952)	(−0.8728)	(−0.8679)
Peer emphasis	−0.0127	−0.0089	−0.0075	−0.0092	−0.0080
	(−0.1791)	(−0.1246)	(−0.1060)	(−0.1298)	(−0.1120)
Institutional regulation		−0.0825*	−0.0747*	−0.0855*	−0.0779*
		(−2.2061)	(−1.9887)	(−2.2865)	(−2.0758)
Institutional regulation× Firm visibility			−0.0454*		−0.0432*
			(−2.1326)		(−2.0259)
Institutional regulation× Market competition				0.3740*	0.3609*
				(2.5193)	(2.4295)

续表

变量	企业社会责任信息披露重点				
	模型 1	模型 2	模型 3	模型 4	模型 5
常数项	-0.7027	-0.8148	-0.7893	-0.8808	-0.8543
	(-1.0092)	(-1.1678)	(-1.1315)	(-1.2624)	(-1.2246)
年份虚拟变量	Yes	Yes	Yes	Yes	Yes
行业虚拟变量	Yes	Yes	Yes	Yes	Yes
样本量	4740	4740	4740	4740	4740
R^2	0.0427	0.0439	0.0451	0.0456	0.0466

注：括号内为 t 统计值，+p<0.10，＊p<0.05，＊＊p<0.01，＊＊＊p<0.001。

表 3-8 　制度规定与企业社会责任信息披露范围的 Heckman 第二阶段回归结果

变量	企业社会责任信息披露范围				
	模型 1	模型 2	模型 3	模型 4	模型 5
Firm size	0.0086	-0.0041	0.0009	-0.0010	0.0044
	(0.2889)	(-0.1355)	(0.0285)	(-0.0332)	(0.1461)
Firm age	0.0012	0.0070	0.0053	0.0067	0.0049
	(0.1023)	(0.5926)	(0.4504)	(0.5666)	(0.4171)
ROA	0.1480+	0.1409	0.1469+	0.1408	0.1469+
	(1.6917)	(1.6115)	(1.6794)	(1.6102)	(1.6803)
Flow ratio	0.0003	0.0003	0.0007	0.0001	0.0005
	(0.0728)	(0.0683)	(0.1614)	(0.0337)	(0.1261)
Firm risk	0.0005	0.0005	0.0004	0.0005	0.0004
	(1.4724)	(1.4725)	(1.3808)	(1.4723)	(1.3775)
Firm ownership	0.0492	0.0442	0.0472	0.0463	0.0496
	(0.5982)	(0.5378)	(0.5744)	(0.5626)	(0.6031)
Board independence	0.0580	0.0530	0.0605	0.0608	0.0693
	(0.2270)	(0.2076)	(0.2371)	(0.2381)	(0.2718)
CEO duality	-0.1003*	-0.1020*	-0.0999*	-0.1005*	-0.0981*
	(-2.5228)	(-2.5655)	(-2.5134)	(-2.5265)	(-2.4687)

续表

变量	企业社会责任信息披露范围				
	模型 1	模型 2	模型 3	模型 4	模型 5
CEO age	0.0013	0.0011	0.0011	0.0011	0.0011
	(0.5791)	(0.4867)	(0.4832)	(0.4833)	(0.4794)
Male CEO	0.0213	0.0199	0.0185	0.0219	0.0207
	(0.3388)	(0.3175)	(0.2951)	(0.3494)	(0.3297)
GDP per capita	0.3254*	0.2890+	0.2716+	0.2949+	0.2775+
	(1.9839)	(1.7562)	(1.6500)	(1.7912)	(1.6855)
Firm visibility	0.0305**	0.0296**	−0.0030	0.0293**	−0.0044
	(3.0450)	(2.9534)	(−0.1895)	(2.9211)	(−0.2764)
Market competition	−0.2138+	−0.2167+	−0.2110+	−0.3225*	−0.3278*
	(−1.7906)	(−1.8157)	(−1.7686)	(−2.2745)	(−2.3132)
Inverse mills ratio	0.0802+	0.0801+	0.0815+	0.0874+	0.0896+
	(1.6717)	(1.6686)	(1.6987)	(1.8100)	(1.8569)
Peer scope	0.1723	0.1589	0.1497	0.1936	0.1879
	(1.3232)	(1.2196)	(1.1495)	(1.4596)	(1.4168)
Institutional regulation		0.1079*	0.0733+	0.1387**	0.1062*
		(2.5658)	(1.6627)	(2.9144)	(2.1644)
Institutional regulation× *Firm visibility*			0.0537**		0.0554**
			(2.5958)		(2.6757)
Institutional regulation× *Market competition*				0.2234	0.2471
				(1.3819)	(1.5268)
常数项	−0.6484	−0.4706	−0.4431	−0.5957	−0.5806
	(−0.8617)	(−0.6231)	(−0.5869)	(−0.7832)	(−0.7637)
年份虚拟变量	Yes	Yes	Yes	Yes	Yes
行业虚拟变量	Yes	Yes	Yes	Yes	Yes
样本量	6800	6800	6800	6800	6800
R^2	0.0307	0.0319	0.0330	0.0322	0.0334

注：括号内为 t 统计值，+$p<0.10$，*$p<0.05$，**$p<0.01$，***$p<0.001$。

表 3-9　制度规定与企业社会责任信息披露重点的 Heckman 第二阶段回归结果

变量	企业社会责任信息披露重点				
	模型 1	模型 2	模型 3	模型 4	模型 5
Firm size	-0.0074	0.0027	-0.0015	0.0068	0.0026
	(-0.2968)	(0.1057)	(-0.0613)	(0.2686)	(0.1018)
Firm age	0.0527***	0.0480***	0.0493***	0.0472***	0.0486***
	(5.4340)	(4.8529)	(4.9852)	(4.7799)	(4.9080)
ROA	0.2609***	0.2663***	0.2614***	0.2665***	0.2619***
	(3.5558)	(3.6295)	(3.5637)	(3.6340)	(3.5715)
Flow ratio	-0.0007	-0.0007	-0.0010	-0.0010	-0.0013
	(-0.1956)	(-0.1936)	(-0.2879)	(-0.2685)	(-0.3534)
Firm risk	0.0000	0.0000	0.0001	0.0000	0.0001
	(0.1507)	(0.1517)	(0.2430)	(0.1512)	(0.2374)
Firm ownership	0.0740	0.0780	0.0755	0.0810	0.0785
	(1.0771)	(1.1353)	(1.0992)	(1.1792)	(1.1427)
Board independence	0.0966	0.1012	0.0954	0.1161	0.1098
	(0.4533)	(0.4749)	(0.4478)	(0.5450)	(0.5155)
CEO duality	-0.0439	-0.0426	-0.0444	-0.0405	-0.0423
	(-1.3229)	(-1.2841)	(-1.3379)	(-1.2195)	(-1.2739)
CEO age	0.0012	0.0014	0.0014	0.0014	0.0014
	(0.6406)	(0.7266)	(0.7295)	(0.7130)	(0.7166)
Male CEO	0.0154	0.0164	0.0174	0.0186	0.0194
	(0.2946)	(0.3119)	(0.3321)	(0.3541)	(0.3709)
GDP per capita	-0.0037	0.0257	0.0403	0.0355	0.0487
	(-0.0270)	(0.1869)	(0.2929)	(0.2581)	(0.3543)
Firm visibility	0.0103	0.0111	0.0383**	0.0111	0.0368**
	(1.2361)	(1.3356)	(2.8577)	(1.3326)	(2.7408)
Market competition	-0.2367*	-0.2311*	-0.2331*	-0.3749***	-0.3689***
	(-2.5534)	(-2.4928)	(-2.5162)	(-3.4712)	(-3.4160)

续表

变量	企业社会责任信息披露重点				
	模型 1	模型 2	模型 3	模型 4	模型 5
Inverse mills ratio	0.1015 *	0.1010 *	0.0994 *	0.1090 **	0.1070 **
	(2.5670)	(2.5561)	(2.5157)	(2.7508)	(2.7013)
Peer emphasis	0.0372	0.0398	0.0398	0.0396	0.0396
	(0.5988)	(0.6408)	(0.6410)	(0.6375)	(0.6379)
Institutional regulation		−0.0862 *	−0.0573	−0.0382	−0.0136
		(−2.4560)	(−1.5573)	(−0.9638)	(−0.3330)
Institutional regulation× *Firm visibility*			−0.0446 **		−0.0421 *
			(−2.5862)		(−2.4392)
Institutional regulation× *Market competition*				0.3435 **	0.3244 *
				(2.5914)	(2.4447)
常数项	−0.7888	−0.9178	−0.9310	−1.0421 +	−1.0477 +
	(−1.2856)	(−1.4910)	(−1.5132)	(−1.6887)	(−1.6985)
年份虚拟变量	Yes	Yes	Yes	Yes	Yes
行业虚拟变量	Yes	Yes	Yes	Yes	Yes
样本量	6800	6800	6800	6800	6800
R^2	0.0428	0.0438	0.0450	0.0450	0.0460

注：括号内为 t 统计值，+p<0.10，* p<0.05，** p<0.01，*** p<0.001。

表 3-10　更换企业社会责任信息披露重点测量方式的回归结果

变量	企业社会责任信息披露重点				
	模型 1	模型 2	模型 3	模型 4	模型 5
Firm size	−0.0137	−0.0029	−0.0066	0.0005	−0.0031
	(−0.5366)	(−0.1137)	(−0.2543)	(0.0198)	(−0.1196)
Firm age	0.0665 ***	0.0616 ***	0.0627 ***	0.0613 ***	0.0624 ***
	(6.6409)	(6.0217)	(6.1302)	(5.9940)	(6.0973)
ROA	−0.0305	−0.0249	−0.0293	−0.0244	−0.0285
	(−0.3999)	(−0.3258)	(−0.3836)	(−0.3191)	(−0.3741)

变量	企业社会责任信息披露重点				
	模型 1	模型 2	模型 3	模型 4	模型 5
Flow ratio	0.0007	0.0007	0.0004	0.0004	0.0002
	(0.1816)	(0.1864)	(0.1081)	(0.1124)	(0.0419)
Firm risk	-0.0002	-0.0002	-0.0001	-0.0002	-0.0001
	(-0.5879)	(-0.5866)	(-0.5089)	(-0.5885)	(-0.5148)
Firm ownership	-0.0688	-0.0648	-0.0669	-0.0624	-0.0645
	(-0.9594)	(-0.9040)	(-0.9337)	(-0.8711)	(-0.9008)
Board independence	-0.1445	-0.1380	-0.1425	-0.1251	-0.1299
	(-0.6507)	(-0.6219)	(-0.6423)	(-0.5634)	(-0.5855)
CEO duality	-0.0701*	-0.0688*	-0.0702*	-0.0673+	-0.0687*
	(-2.0314)	(-1.9940)	(-2.0370)	(-1.9511)	(-1.9938)
CEO age	0.0010	0.0011	0.0011	0.0011	0.0011
	(0.4944)	(0.5807)	(0.5804)	(0.5608)	(0.5615)
Male CEO	-0.0034	-0.0024	-0.0014	-0.0008	0.0001
	(-0.0616)	(-0.0442)	(-0.0259)	(-0.0138)	(0.0021)
GDP per capita	-0.0675	-0.0374	-0.0240	-0.0313	-0.0189
	(-0.4742)	(-0.2619)	(-0.1680)	(-0.2192)	(-0.1324)
Firm visibility	0.0067	0.0075	0.0153	0.0074	0.0148
	(0.7719)	(0.8597)	(1.6281)	(0.8539)	(1.5779)
Market competition	0.0449	0.0496	0.0471	0.0489	0.0466
	(0.4929)	(0.5445)	(0.5173)	(0.5365)	(0.5111)
Peer emphasis	0.6515***	0.6545***	0.6542***	0.6542***	0.6540***
	(10.2032)	(10.2527)	(10.2526)	(10.2519)	(10.2517)
Institutional regulation		-0.0878*	-0.0793*	-0.0899*	-0.0818*
		(-2.3987)	(-2.1569)	(-2.4573)	(-2.2244)
Institutional regulation× Firm visibility			-0.0394*		-0.0373*
			(-2.1786)		(-2.0587)
Institutional regulation× Market competition				0.3116*	0.2967*
				(2.3102)	(2.1974)

变量	企业社会责任信息披露重点				
	模型 1	模型 2	模型 3	模型 4	模型 5
常数项	−0.6104	−0.7526	−0.7278	−0.8233	−0.7965
	(−0.9714)	(−1.1929)	(−1.1539)	(−1.3040)	(−1.2616)
年份虚拟变量	Yes	Yes	Yes	Yes	Yes
行业虚拟变量	Yes	Yes	Yes	Yes	Yes
样本量	6800	6800	6800	6800	6800
R^2	0.0927	0.0936	0.0944	0.0945	0.0951

注：括号内为 t 统计值，+p<0.10，∗p<0.05，∗∗p<0.01，∗∗∗p<0.001。

第五节　本章小结

本章详细报告了社会责任信息披露制度规定与上市企业社会责任信息披露之间的实证检验结果。本章以 2008～2018 年发布企业社会责任报告的 A 股上市企业为研究样本，使用固定效应模型对 1096 家上市企业的 6800 个观测值进行多元回归分析，验证了在面临社会责任信息披露制度规定带来的合法性压力时，上市企业会设置较大的社会责任信息披露范围，披露较少的社会责任重点信息，以较低的成本获得社会责任信息披露的合法性。本章进一步验证了利益相关者压力对社会责任信息披露制度规定与社会责任信息披露之间关系的调节作用。企业知名度既强化了社会责任信息披露制度规定与社会责任信息披露范围之间的正相关关系，也强化了社会责任信息披露制度规定与社会责任信息披露重点之间的负相关关系。市场竞争弱化了社会责任信息披露制度规定与社会责任信息披露重点之间的负相关关系。除了假设 3a，本章所有的假设均得到了支持，检验结果如表 3-11 所示。

表 3-11　本章假设检验结果汇总

假设	假设内容	检验结果
假设 1a	制度规定与企业社会责任信息披露范围正相关	支持
假设 1b	制度规定与企业社会责任信息披露重点负相关	支持
假设 2a	企业知名度强化了制度规定与企业社会责任信息披露范围之间的正相关关系	支持
假设 2b	企业知名度强化了制度规定与企业社会责任信息披露重点之间的负相关关系	支持
假设 3a	市场竞争强化了制度规定与企业社会责任信息披露范围之间的正相关关系	不支持
假设 3b	市场竞争弱化了制度规定与企业社会责任信息披露重点之间的负相关关系	支持

第四章

上市企业社会责任信息披露
与企业绩效的实证研究

第一节　研究设计

一　数据来源与样本选择

本章的研究样本涵盖了 2007~2018 年发布企业社会责任报告的 A 股上市企业。本章选取 2007 年作为起始年份是因为在 2008 年深交所和上交所颁布上市企业社会责任信息披露制度规定前，一些上市企业从 2007 年已经开始披露社会责任信息。本章选取 2018 年作为截止年份是为了避免新冠疫情对于企业社会责任信息披露以及企业财务绩效产生的干扰。本章的数据来源主要包括 CSMAR 数据库、润灵环球社会责任报告评级数据库和《中国统计年鉴》。第一，企业社会责任信息披露的数据来源于 CSMAR 公司研究系列数据库。第二，企业社会绩效数据来源于润灵环球社会责任报告评级数据库，润灵环球的社会责任报告评级数据始于 2008 年。第三，企业财务绩效的数据来源于 CSMAR 公司研究系列（财务指标分析）数据库。第四，调节变量和控制变量的数据均来源于 CSMAR 数据库。第五，工具变量的数据来自历年《中国统计年鉴》。

二 变量测量与模型设定

（一）因变量

本章的因变量是企业绩效，包括企业财务绩效和企业社会绩效。对于这两个变量的测量，本章沿用了以往文献中的测量方式。

1. 企业财务绩效

尽管以往研究采取了多种方式来衡量企业财务绩效（CFP），例如企业的股票价值（Cuypers et al.，2015）、Tobin's Q 系数（肖延高等，2021；刘星等，2021）和净资产收益率（郝健等，2021；刘星等，2021）等，但企业的股票价值往往具有较强的波动性，难以捕捉到企业财务绩效的稳定性。Tobin's Q 系数更适用于比较成熟的金融市场（邓新明、郭雅楠，2020），因而在我国当前的金融市场下不具备广泛适用性（郝健等，2021）。考虑到以往关于企业财务绩效的研究大多使用企业的资产收益率来反映企业的盈利水平（Wang and Qian，2011；邓新明、郭雅楠，2020；连燕玲等，2012；罗党论、刘晓龙，2009；刘乾、陈林，2023），因此本书采用企业的总资产收益率（ROA）来衡量企业的财务绩效。ROA 通过计算企业净利润与企业总资产的比值得到。此外，本书还在稳健性检验中使用企业的净资产收益率作为企业财务绩效的替代衡量方式。

2. 企业社会绩效

参照以往的研究（Marquis and Qian，2014；陈国辉等，2018；黄宇漩等，2023），本章采用润灵环球发布的社会责任报告评级数据来衡量企业社会绩效（CSP）。润灵环球是一家独立的社会责任评级公司，基于上市企业披露的社会责任报告评级数据对企业的社会绩效进行评级打分。该评估体系从整体性、内容性和技术性三个方面对企业的社会绩效进行评估，具体包括：（1）整体性维度侧重于评估企业的社会责任战略、利益相关者参与程度、企业社会责任报告的创新性和外部审计程度；（2）内容性维度侧重于企业社会责任工作领导和组织体系的完备程度以及企业在环境保护和社会活动方面的具体表现；（3）技术性维度侧重于评估社会责任的透明度、规范度和可比性。这三个维度加起来包括 60 多个子维度。润灵环球的社会责任评级采用专家结构化打分的评估方式，满分为 100 分，因此企业社会绩效的取值范围为 0~100。

（二）自变量

本章考察企业社会责任信息披露对企业绩效的影响，因此本章的自变量是企业社会责任信息披露范围（*CSR scope*）和企业社会责任信息披露重点（*CSR emphasis*）。这两个变量的测量方式与第三章保持一致。

（三）调节变量

1. 社会责任敏感性行业

社会责任敏感性行业（*Indsensitive*）是指企业所在的行业为食品行业、采矿业和重污染行业等容易引起食品安全敏感性和环境保护敏感性的行业（刘柏、卢家锐，2018；王朝霞等，2018）。表 4-1 展示了社会责任敏感性行业的细分行业。参照以往的研究（陈晓易等，2020；刘柏、卢家锐，2018），本书使用虚拟变量来测量社会责任敏感性行业。当企业属于社会责任敏感性行业时，该变量赋值为 1，否则为 0。

表 4-1　社会责任敏感性行业的细分行业

	行业类别	细分行业
社会责任敏感性行业	食品行业	农副食品加工业
		食品制造业
		酒、饮料和精制茶制造业
		餐饮业

续表

行业类别		细分行业
社会责任敏感性行业	采矿业	煤炭开采和洗选业
		石油和天然气开采业
		黑色金属矿采选业
		有色金属矿采选业
		非金属矿采选业
		开采专业及辅助性活动
		其他采矿业
	重污染行业	纺织业
		纺织服装、服饰业
		皮革、毛皮、羽毛及其制品和制鞋业
		造纸和纸制品业
		石油加工、炼焦和核燃料加工业
		化学原料和化学制品制造业
		医药制造业
		化学纤维制造业
		橡胶和塑料制品业
		非金属矿物制品业
		黑色金属冶炼和压延加工业
		有色金属冶炼和压延加工业
		电力、热力生产和供应业
		燃气生产和供应业
		水的生产和供应业
		建筑业

2. 行业动荡性

本章选择学者们广泛使用的时间窗口下回归系数标准误差的取值来衡量企业所面临的行业动荡性（*Inddynamism*）（Anderson and Tushman，2001；Simerly and Li，2000）。参照以往研究（Tang et al.，2015a；许治等，2020），首先将企业所在行业的销售收入用五年的移动窗口对年份进行回归，接着使用年份回归系数的标准误差除以行业销售收入的平均值，得到行业动荡性的数值。

（四）控制变量

本章控制了可能对企业绩效产生影响的变量。首先，以往研究表明企业绩效可能随着企业规模和企业成立年限的变化而变化，因此本章控制了企业规模（*Firm size*）和企业年龄（*Firm age*）。其次，考虑到治理结构对企业绩效的影响，本章控制了企业所有权（*Firm ownership*）、董事会独立性（*Board independence*）、CEO 二元性（*CEO duality*）以及 CEO 的年龄（*CEO age*）和性别（*Male CEO*）。考虑到经营状况可能给企业绩效带来的影响，本章控制了企业的冗余资源（*Flow ratio*）和经营风险（*Firm risk*）。最后，本章还控制了企业知名度（*Firm visibility*）、市场竞争（*Market competition*）以及企业所在地区经济发展（*GDP per capita*）可能对企业绩效造成的影响。上述控制变量的测量方式与第三章保持一致。此外，本章也控制了企业年份和行业的虚拟变量。

（五）模型设定

本章使用固定效应模型来对假设进行检验，固定效应模型能够避免不随时间变化的遗漏变量可能导致的内生性问题。豪斯曼检验表明固定效应模型优于随机效应模型。本章具体的回归方程如下。

在检验假设 4a、假设 4b、假设 5a 和假设 5b 时，本章采用如下的回归方程：

$$CFP = \beta_0 + \beta_1 X + \beta_2 Indsensitive + \beta_3 X \times Indsensitive +$$
$$\beta_4 Controls + Year + Industry + \varepsilon \tag{4-1}$$

式中：*CFP* 是回归模型的因变量，*X* 是回归模型的自变量，*Indsensitive* 代表回归模型的调节变量，*X×Indsensitive* 代表自变量与调节变量的交互项，*Controls* 代表回归模型中所有的控制变量，β_0 代表回归模型的截距项，*Year* 和 *Industry* 分别代表年份虚拟变量和行业虚拟变量，ε 代表回归模型的随机干扰项。

当自变量 X 为企业社会责任信息披露范围（$CSR\ scope$）时，根据假设 4a（企业社会责任信息披露范围与企业财务绩效正相关），X 的系数 β_1 应该显著为正；根据假设 5a（社会责任敏感性行业弱化了企业社会责任信息披露范围与企业财务绩效之间的正相关关系），交互项（$X \times Indsensitive$）的系数 β_3 应该显著为负。当自变量 X 为企业社会责任信息披露重点（$CSR\ emphasis$）时，根据假设 4b（企业社会责任信息披露重点与企业财务绩效正相关），X 的系数 β_1 应该显著为正；根据假设 5b（社会责任敏感性行业强化了企业社会责任信息披露重点与企业财务绩效之间的正相关关系），交互项（$X \times Indsensitive$）的系数 β_3 应该显著为正。

在检验假设 6a、假设 6b、假设 7a 和假设 7b 时，本书采用如下的回归方程：

$$CSP = \beta_0 + \beta_1 X + \beta_2 Inddynamism + \beta_3 X \times Inddynamism +$$
$$\beta_4 Controls + Year + Industry + \varepsilon \qquad (4-2)$$

式中：CSP 是回归模型的因变量，X 是回归模型的自变量，$Inddynamism$ 代表回归模型的调节变量，$X \times Inddynamism$ 代表自变量与调节变量的交互项，$Controls$ 代表回归模型中所有的控制变量，β_0 代表回归模型的截距项，$Year$ 和 $Industry$ 分别代表年份虚拟变量和行业虚拟变量，ε 代表回归模型的随机干扰项。

当自变量 X 为企业社会责任信息披露范围（$CSR\ scope$）时，根据假设 6a（企业社会责任信息披露范围与企业社会绩效正相关），X 的系数 β_1 应该显著为正；根据假设 7a（行业动荡性强化了企业社会责任信息披露范围与企业社会绩效之间的正相关关系），交互项（$X \times Inddynamism$）的系数 β_3 应该显著为正。当自变量 X 为企业社会责任信息披露重点（$CSR\ emphasis$）时，根据假设 6b（企业社会责任信息披露重点与企业社会绩效正相关），X 的系数 β_1 应该显著为正；根据假设 7b（行业动荡性强化了企业社会责任信息披露重点与企业社会绩效之间的正相关关系），交互项（$X×Inddynamism$）的系数 β_3 应该显著为正。

第二节　描述性统计与相关性分析

表 4-2 列出了本章所有变量的描述性统计数值，包括变量的平均值、标准差、中位数以及最小值和最大值。从表 4-2 可以看出，企业财务绩效的平均值为 0.0426，说明上市企业的总资产收益率较低。企业社会绩效的平均值为 40.5597，说明上市企业的社会绩效表现一般。社会责任敏感性行业的平均值为 0.3832，说明样本中 38.32% 的企业属于社会责任敏感性行业。其他控制变量的平均值整体上与第三章保持一致。

表 4-2　变量的描述性统计

变量	平均值	标准差	中位数	最小值	最大值
CFP	0.0426	0.1101	0.0350	-0.2112	0.4451
CSP	40.5597	13.0864	37.7179	13.3300	89.2979
CSR scope	0.0064	0.9845	0.1722	-5.9163	1.4053
CSR emphasis	-0.0027	0.9964	-0.3409	-0.8229	10.2137
Firm size	23.2497	1.7756	22.9896	18.2659	30.9524
Firm age	16.4675	5.7474	17.0000	0.0000	38.0000
Flow ratio	2.0679	2.9175	1.4720	0.0794	4.6671
Firm risk	2.1511	30.2342	1.1197	-7.6457	24.7736
Firm ownership	0.5913	0.4916	1.0000	0.0000	1.0000
Board independence	0.3740	0.0585	0.3636	0.1000	0.8000
CEO duality	0.1712	0.3767	0.0000	0.0000	1.0000
CEO age	50.5135	6.3451	51.0000	24.0000	81.0000
Male CEO	0.9519	0.2140	1.0000	0.0000	1.0000
GDP per capita	0.6739	0.3072	0.6347	0.0882	1.4021

续表

变量	平均值	标准差	中位数	最小值	最大值
Market competition	−0. 2186	0. 1913	−0. 1579	−1. 0000	0. 0000
Firm visibility	2. 2087	1. 4393	2. 1972	0. 0000	8. 1242
Indsensitive	0. 3832	0. 4862	0. 0000	0. 0000	1. 0000
Inddynamism	0. 3479	3. 2952	0. 0293	0. 0224	43. 5576

资料来源：笔者根据数据分析结果整理。

表 4-3 列出了本章所有变量的相关系数。在本章的实证分析中，因变量为上市企业的财务绩效（*CFP*）和社会绩效（*CSP*），自变量为企业社会责任信息披露范围（*CSR scope*）和企业社会责任信息披露重点（*CSR emphasis*）。从表 4-3 中可以看出，企业社会责任信息披露范围（*CSR scope*）与企业财务绩效（*CFP*）和企业社会绩效（*CSP*）的相关系数均在 1% 的水平下显著正相关，说明企业社会责任信息披露范围扩大能够促进企业的财务绩效和社会绩效提高，本章的假设 4a 和假设 6a 初步得到验证。企业社会责任信息披露重点（*CSR emphasis*）与企业社会绩效（*CSP*）在 1% 的水平下显著正相关，表明企业社会责任信息披露重点增加能够促进企业的社会绩效提高，本章的假设 6b 得到初步验证。此外，变量的 VIF 最大为 1.51，远小于临界值 10，说明变量之间不存在多重共线性问题。

表 4-3　变量的相关性分析

	变量	1	2	3	4	5
1	*CFP*	1. 0000				
2	*CSP*	−0. 0108	1. 0000			
3	*CSR scope*	0. 0401 ***	0. 0932 ***	1. 0000		
4	*CSR emphasis*	0. 0080	0. 5462 ***	0. 1358 ***	1. 0000	
5	*Firm size*	−0. 0880 ***	0. 5693 ***	−0. 0793 ***	0. 2660 ***	1. 0000
6	*Firm age*	−0. 0594 ***	0. 0910 ***	−0. 0657 ***	0. 0307 **	0. 1500 ***

续表

	变量	1	2	3	4	5
7	*Flow ratio*	0.0831***	−0.0857***	0.0205*	−0.0791***	−0.1990***
8	*Firm risk*	−0.0193	−0.0047	0.0063	−0.0041	−0.0070
9	*Firm ownership*	−0.0598***	0.1399***	−0.0550***	0.2186***	0.2473***
10	*Board independence*	−0.0174	0.0379***	0.0005	−0.0031	0.0698***
11	*CEO duality*	0.0641***	−0.0857***	0.0153	−0.0917***	−0.1339***
12	*CEO age*	−0.0113	0.1674***	0.0201*	0.1394***	0.2205***
13	*Male CEO*	−0.0218*	0.0010	−0.0020	0.0257**	0.0249**
14	*GDP per capita*	−0.0375***	0.2490***	−0.0993***	0.0642***	0.2381***
15	*Market competition*	−0.0352***	0.0670***	0.0102	0.0455***	0.1052***
16	*Firm visibility*	0.0584***	0.1500***	0.0537***	0.1213***	0.3054***
17	*Indsensitive*	0.0459***	−0.0245**	0.1189***	0.1792***	−0.1314***
18	*Inddynamism*	−0.0128	0.0748***	−0.0525***	−0.0128	0.1414***

	变量	6	7	8	9	10
6	*Firm age*	1.0000				
7	*Flow ratio*	−0.1010***	1.0000			
8	*Firm risk*	−0.0262**	−0.0090	1.0000		
9	*Firm ownership*	0.0964***	−0.1425***	0.0152	1.0000	
10	*Board independence*	−0.0564***	−0.0219*	−0.0019	−0.0040	1.0000
11	*CEO duality*	−0.0375***	0.1064***	−0.0098	−0.2688***	0.0903***
12	*CEO age*	0.1795***	−0.0178	−0.0096	0.1064***	0.0426***
13	*Male CEO*	−0.0399***	−0.0019	0.0066	0.0673***	−0.0182
14	*GDP per capita*	0.1723***	0.0056	−0.0205*	0.0046	0.0818***
15	*Market competition*	0.1078***	0.0071	0.0063	−0.0078	−0.0034
16	*Firm visibility*	−0.0933***	−0.0671***	−0.0216*	0.0760***	0.0864***
17	*Indsensitive*	−0.0296**	−0.0128	0.0301**	0.0291**	−0.0397***
18	*Inddynamism*	−0.0206*	0.0110	−0.0035	0.0159	−0.0391***

	变量	11	12	13	14	15
11	*CEO duality*	1.0000				
12	*CEO age*	0.0778***	1.0000			

续表

	变量	11	12	13	14	15
13	*Male CEO*	0.0030	0.0722***	1.0000		
14	*GDP per capita*	0.0657***	0.2109***	0.0222*	1.0000	
15	*Market competition*	0.0259**	0.0774***	0.0171	0.1494***	1.0000
16	*Firm visibility*	−0.0068	−0.0199*	−0.0076	−0.0794***	−0.0455***
17	*Indsensitive*	−0.0082	0.0002	0.0067	−0.1763***	0.0933***
18	*Inddynamism*	−0.0304**	0.0112	−0.0258**	−0.0404***	−0.0014

	变量	16	17	18		
16	*Firm visibility*	1.0000				
17	*Indsensitive*	0.0435***	1.0000			
18	*Inddynamism*	−0.1253***	−0.0713***	1.0000		

注：*、**和***分别代表在10%、5%和1%的水平下显著。

资料来源：笔者根据检验结果整理。

第三节　假设检验

一　企业社会责任信息披露与企业财务绩效

表4-4报告了企业社会责任信息披露范围（*CSR scope*）和企业社会责任信息披露重点（*CSR emphasis*）与企业财务绩效（*CFP*）的回归结果，对本书的假设4a、假设4b、假设5a和假设5b进行了检验。在表4-4中，模型1是回归的基准模型，包含了回归模型中所有的控制变量。模型2中引入了企业社会责任信息披露范围（*CSR scope*）作为回归模型的自变量，模型3中引入了企业社会责任信息披露重点（*CSR emphasis*）作为自变量。模型4中加入了企业社会责任信息披露范围与社会责任敏感性行业的交互项（*CSR scope×Indsensitive*），模型5中加入了企业社会责任信息披露重点与社会责任敏感性行业的交互项（*CSR emphasis×Indsensitive*）。本章所有的交互项均进行了中心化操作以避免

潜在的多重共线性问题。模型 6 中包含了所有的变量。

假设 4a 提出，企业社会责任信息披露范围与企业财务绩效正相关。根据表 4-4 中的模型 2，企业社会责任信息披露范围与企业财务绩效之间的回归系数显著为正（$\beta = 0.0047$，p<0.01）。因此，假设 4a 得到支持。假设 4b 提出，企业社会责任信息披露重点与企业财务绩效正相关。根据表 4-4 中的模型 3，企业社会责任信息披露重点与企业财务绩效之间的回归系数显著为正（$\beta = 0.0069$，p<0.001）。因此，假设 4b 得到支持。

假设 5a 认为社会责任敏感性行业弱化了企业社会责任信息披露范围与企业财务绩效之间的正相关关系。根据表 4-4 中的模型 4，交互项（$CSR\ scope \times Indsensitive$）的系数显著为负（$\beta = -0.0081$，p<0.05），假设 5a 得到支持。为了更加直观地展示社会责任敏感性行业对企业社会责任信息披露范围与企业财务绩效之间关系的调节效应，本书绘制了社会责任敏感性行业的调节效应图。如图 4-1 所示，相对于社会责任非敏感性行业，在社会责任敏感性行业中，企业社会责任信息披露范围与企业财务绩效之间的正相关关系变弱。

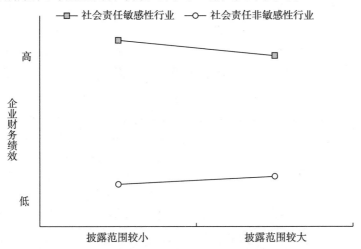

图 4-1　社会责任敏感性行业对企业社会责任信息披露范围
与企业财务绩效之间关系的调节效应

假设5b认为社会责任敏感性行业强化了企业社会责任信息披露重点与企业财务绩效之间的正相关关系。根据表4-4中的模型5,交互项（$CSR\ emphasis \times Indsensitive$）的系数显著为正（$\beta = 0.0119$, $p < 0.01$），假设5b得到支持。为了更加直观地展示社会责任敏感性行业对企业社会责任信息披露重点与企业财务绩效之间关系的调节效应,本书绘制了社会责任敏感性行业的调节效应图。如图4-2所示,相对于社会责任非敏感性行业,在社会责任敏感性行业中,企业社会责任信息披露重点与企业财务绩效之间的正相关关系变得更强。

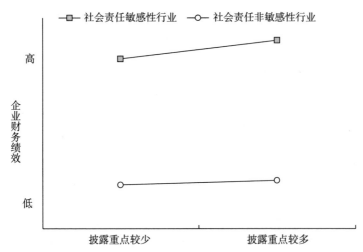

图4-2 社会责任敏感性行业对企业社会责任信息披露重点与企业财务绩效之间关系的调节效应

表4-4 企业社会责任信息披露对企业财务绩效的影响（固定效应）

变量	企业财务绩效					
	模型1	模型2	模型3	模型4	模型5	模型6
Firm size	−0.0352***	−0.0353***	−0.0350***	−0.0353***	−0.0347***	−0.0348***
	(−9.0736)	(−9.1063)	(−9.0529)	(−9.1141)	(−8.9678)	(−9.0019)
Firm age	0.0038+	0.0037+	0.0034+	0.0036+	0.0035+	0.0034
	(1.8266)	(1.7819)	(1.6565)	(1.7501)	(1.6954)	(1.6313)

续表

变量	企业财务绩效					
	模型 1	模型 2	模型 3	模型 4	模型 5	模型 6
Flow ratio	0.0011$^+$	0.0011$^+$	0.0011$^+$	0.0011$^+$	0.0011$^+$	0.0011$^+$
	(1.8577)	(1.8611)	(1.8578)	(1.8464)	(1.8855)	(1.8751)
Firm risk	−0.0000	−0.0000	−0.0000	−0.0000	−0.0000	−0.0000
	(−0.3666)	(−0.4162)	(−0.3735)	(−0.3691)	(−0.3859)	(−0.3828)
Firm ownership	0.0116	0.0112	0.0112	0.0109	0.0112	0.0105
	(1.0635)	(1.0269)	(1.0238)	(0.9991)	(1.0304)	(0.9680)
Board independence	−0.0341	−0.0346	−0.0350	−0.0329	−0.0347	−0.0332
	(−1.0059)	(−1.0223)	(−1.0325)	(−0.9713)	(−1.0245)	(−0.9825)
CEO duality	0.0176***	0.0180***	0.0179***	0.0179***	0.0183***	0.0186***
	(3.3421)	(3.4269)	(3.4139)	(3.4129)	(3.4804)	(3.5479)
CEO age	−0.0001	−0.0001	−0.0001	−0.0001	−0.0001	−0.0001
	(−0.2859)	(−0.3049)	(−0.3349)	(−0.3770)	(−0.3523)	(−0.4478)
Male CEO	0.0007	0.0006	0.0006	0.0003	0.0004	0.0000
	(0.0790)	(0.0732)	(0.0728)	(0.0328)	(0.0515)	(0.0004)
GDP per capita	−0.0229	−0.0244	−0.0237	−0.0255	−0.0243	−0.0269
	(−1.0546)	(−1.1244)	(−1.0928)	(−1.1748)	(−1.1231)	(−1.2452)
Firm visibility	0.0046***	0.0044***	0.0045***	0.0043**	0.0046***	0.0043**
	(3.4456)	(3.3156)	(3.3870)	(3.2257)	(3.4108)	(3.1942)
Market competition	−0.0347*	−0.0339*	−0.0332*	−0.0332*	−0.0346*	−0.0333*
	(−2.5715)	(−2.5111)	(−2.4609)	(−2.4600)	(−2.5687)	(−2.4715)
Indsensitive	0.2245***	0.2238***	0.2248***	0.2260***	0.2272***	0.2292***
	(12.3530)	(12.3233)	(12.3825)	(12.4315)	(12.5108)	(12.6099)
CSR scope		0.0047**		0.0047**		0.0045*
		(2.6710)		(2.6371)		(2.5139)
CSR emphasis			0.0069***		0.0050*	0.0044*
			(3.3271)		(2.3025)	(2.0368)
CSR scope× Indsensitive				−0.0081*		−0.0088*
				(−2.2569)		(−2.4525)

续表

变量	企业财务绩效					
	模型 1	模型 2	模型 3	模型 4	模型 5	模型 6
CSR emphasis×Indsensitive					0.0119** (2.9321)	0.0130** (3.1766)
常数项	0.8087*** (8.1366)	0.8151*** (8.2027)	0.8129*** (8.1851)	0.8175*** (8.2289)	0.8066*** (8.1250)	0.8145*** (8.2094)
年份虚拟变量	Yes	Yes	Yes	Yes	Yes	Yes
行业虚拟变量	Yes	Yes	Yes	Yes	Yes	Yes
样本量	6882	6882	6882	6882	6882	6882
R^2	0.0622	0.0634	0.0640	0.0642	0.0654	0.0674

注：括号内为 t 统计值，+p<0.10，＊p<0.05，＊＊p<0.01，＊＊＊p<0.001。

二 企业社会责任信息披露与企业社会绩效

表 4-5 报告了企业社会责任信息披露范围（*CSR scope*）和企业社会责任信息披露重点（*CSR emphasis*）与企业社会绩效（*CSP*）的回归结果，对本书的假设 6a、假设 6b、假设 7a 和假设 7b 进行了检验。在表 4-5 中，模型 1 是回归的基准模型，包含了回归模型中所有的控制变量。模型 2 中引入了企业社会责任信息披露范围（*CSR scope*）作为回归模型的自变量，模型 3 中引入了企业社会责任信息披露重点（*CSR emphasis*）作为自变量。模型 4 中加入了企业社会责任信息披露范围与行业动荡性的交互项（*CSR scope×Inddynamism*），模型 5 中加入了企业社会责任信息披露重点与行业动荡性的交互项（*CSR emphasis×Inddynamism*）。所有的交互项均进行了中心化操作以避免潜在的多重共线性问题。模型 6 中包含了所有的变量。

假设 6a 提出，企业社会责任信息披露范围与企业社会绩效正相关。根据表 4-5 中的模型 2，企业社会责任信息披露范围与企业社会绩效之间的回归系数显著为正（β=0.9393，p<0.001）。因此，假设

6a 得到支持。假设 6b 提出，企业社会责任信息披露重点与企业社会绩效正相关。根据表 4-5 中的模型 3，企业社会责任信息披露重点与企业社会绩效之间的回归系数显著为正（$\beta = 2.5873$，$p < 0.001$）。因此，假设 6b 得到支持。

假设 7a 认为行业动荡性强化了企业社会责任信息披露范围与企业社会绩效之间的正相关关系。根据表 4-5 中的模型 4，交互项（$CSR\ scope \times Inddynamism$）的系数显著为正（$\beta = 0.2718$，$p < 0.001$），假设 7a 得到支持。为了更加直观地展示行业动荡性对企业社会责任信息披露范围与企业社会绩效之间关系的调节效应，本书绘制了行业动荡性的调节效应图。如图 4-3 所示，相对于动荡性较低的行业，在动荡性较高的行业中，企业社会责任信息披露范围与企业社会绩效之间的正相关关系变得更强。行业动荡性的高和低分别是指行业动荡性高于和低于平均值的一个标准差。

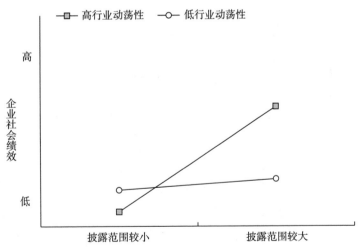

图 4-3　行业动荡性对企业社会责任信息披露范围与企业社会绩效之间关系的调节效应

假设 7b 认为行业动荡性强化了企业社会责任信息披露重点与企业社会绩效之间的正相关关系。根据表 4-5 中的模型 5，交互项（$CSR\ emphasis \times Inddynamism$）的系数显著为正（$\beta = 0.0528$，$p < 0.05$），假设

7b 得到支持。为了更加直观地展示行业动荡性对企业社会责任信息披露重点与企业社会绩效之间关系的调节效应，本书绘制了行业动荡性的调节效应图。如图4-4所示，相对于动荡性较低的行业，在动荡性较高的行业中，企业社会责任信息披露重点与企业社会绩效之间的正相关关系变得更强。

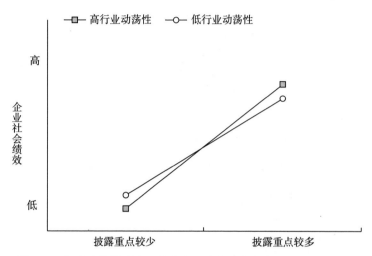

图4-4 行业动荡性对企业社会责任信息披露重点与企业社会绩效
之间关系的调节效应

表4-5 企业社会责任信息披露对企业社会绩效的影响（固定效应）

变量	企业社会绩效					
	模型 1	模型 2	模型 3	模型 4	模型 5	模型 6
Firm size	1.5677***	1.5411***	1.5562***	1.5352***	1.5405***	1.5186***
	(7.0337)	(6.9690)	(7.3007)	(6.9491)	(7.2258)	(7.1714)
Firm age	1.3567***	1.3558***	1.2331***	1.3491***	1.2287***	1.2272***
	(15.8090)	(15.9231)	(14.9916)	(15.8573)	(14.9393)	(15.0227)
ROA	2.3711**	2.1182**	1.6746*	2.1053**	1.6756*	1.4674*
	(3.2362)	(2.9121)	(2.3877)	(2.8973)	(2.3899)	(2.1062)
Flow ratio	0.0638+	0.0644*	0.0648*	0.0643*	0.0647*	0.0651*
	(1.9432)	(1.9777)	(2.0645)	(1.9767)	(2.0594)	(2.0891)

续表

变量	企业社会绩效					
	模型 1	模型 2	模型 3	模型 4	模型 5	模型 6
Firm risk	−0.0001	−0.0006	−0.0002	−0.0006	−0.0002	−0.0006
	(−0.0481)	(−0.2357)	(−0.1060)	(−0.2339)	(−0.1019)	(−0.2677)
Firm ownership	−0.0822	−0.1490	−0.2342	−0.1154	−0.2667	−0.2826
	(−0.1334)	(−0.2438)	(−0.3976)	(−0.1890)	(−0.4528)	(−0.4828)
Board independence	−4.3175*	−4.4158*	−4.6651*	−4.5649*	−4.6554*	−4.8515**
	(−2.2542)	(−2.3239)	(−2.5467)	(−2.4042)	(−2.5423)	(−2.6669)
CEO duality	−0.2634	−0.1658	−0.1239	−0.1606	−0.1235	−0.0399
	(−0.8854)	(−0.5613)	(−0.4353)	(−0.5445)	(−0.4342)	(−0.1412)
CEO age	0.0083	0.0073	0.0034	0.0089	0.0029	0.0036
	(0.4901)	(0.4326)	(0.2125)	(0.5295)	(0.1805)	(0.2252)
Male CEO	0.0337	0.0403	0.0070	−0.0569	−0.0215	−0.0829
	(0.0713)	(0.0859)	(0.0156)	(−0.1213)	(−0.0474)	(−0.1842)
GDP per capita	−1.4521	−1.7763	−1.8074	−1.7895	−1.7029	−2.0147+
	(−1.1903)	(−1.4670)	(−1.5490)	(−1.4794)	(−1.4587)	(−1.7369)
Firm visibility	−0.1626*	−0.1959**	−0.1892**	−0.1968**	−0.1863**	−0.2156**
	(−2.1596)	(−2.6189)	(−2.6272)	(−2.6336)	(−2.5868)	(−3.0117)
Market competition	−1.5405*	−1.3906+	−0.9745	−1.3530+	−0.9522	−0.8166
	(−1.9847)	(−1.8054)	(−1.3120)	(−1.7583)	(−1.2824)	(−1.1071)
Inddynamism	−0.0027	−0.0056	−0.0010	0.1471**	0.0041	0.1209*
	(−0.1222)	(−0.2526)	(−0.0453)	(3.0516)	(0.1904)	(2.5734)
CSR scope		0.9393***		1.0068***		0.8549***
		(9.5960)		(10.1080)		(8.9293)
CSR emphasis			2.5873***		2.5884***	2.5205***
			(23.0949)		(23.1130)	(22.6097)
CSR scope×Inddynamism				0.2718***		0.2152**
				(3.5638)		(2.8476)
CSR emphasis× Inddynamism					0.0528*	0.0356
					(2.2303)	(1.4639)

续表

变量	企业社会绩效					
	模型 1	模型 2	模型 3	模型 4	模型 5	模型 6
常数项	-16. 4483**	-15. 5426**	-13. 6434**	-15. 2403**	-13. 2012*	-12. 4063*
	(-3. 0106)	(-2. 8670)	(-2. 6104)	(-2. 8138)	(-2. 5249)	(-2. 3888)
年份虚拟变量	Yes	Yes	Yes	Yes	Yes	Yes
行业虚拟变量	Yes	Yes	Yes	Yes	Yes	Yes
样本量	6840	6840	6840	6840	6840	6840
R^2	0. 3245	0. 3352	0. 3823	0. 3367	0. 3828	0. 3915

注：括号内为 t 统计值，+p<0. 10，＊p<0. 05，＊＊p<0. 01，＊＊＊p<0. 001。

第四节　稳健性检验

首先，本章的自变量是上市企业社会责任信息的披露范围和披露重点，因此研究样本是披露过社会责任信息的上市企业。那些没有披露社会责任信息的上市企业不在本章的观测值范围内，因此本章的自变量存在一定的样本选择偏差。具体而言，上市企业是否披露社会责任信息可能不是随机的，而是存在一定的选择性。例如上市企业根据自身社会责任履行情况来决定是否披露社会责任信息。因此，只有当上市企业披露了相关信息，才能够观测到社会责任信息披露对上市企业绩效的影响。对于没有披露信息的上市企业而言，本书则难以观测到信息披露对上市企业绩效的影响，因而造成了本书的样本选择偏差。为了纠正样本选择偏差可能引起的内生性问题，本章使用 Heckman 两阶段方法对研究样本进行了回归（王宇、李海洋，2017）。在第一阶段，以上市企业是否披露社会责任信息的虚拟变量作为因变量，采用 Probit 回归计算逆米尔斯比率（*Inverse mills ratio*），本章采用企业上市的证券交易所作为排除性限制条件（Marquis and Qian，2014）。在第二阶段，将第一阶段得到的逆米尔斯比率系数加入所有的回归模型中。表 4-6 和表 4-7 汇报了 Heckman 纠正样本选择偏差之后的回归结果。其中，表 4-6 汇报了上市企业社会责任信息披露范围和披露重点与企业财务绩效的回归结果。逆米尔斯比率的系数在模型 1 到模型 6 中均显著，说明本章确实存在样本选择的问题。从表中可以看出，关键变量的回归系数在控制了逆米尔斯比率系数之后基本显著，表明本书的模型在修正了样本选择偏差后仍然成立。同样，表 4-7 汇报了上市企业社会责任信息披露范围和披露重点与企业社会绩效的回归结果。从表中可以看出，关键变量的回归系数在加入逆米尔斯比率系数之后基本显著，说明本书的模型在修正了样本选择偏差后仍然成立。

其次，本章使用了工具变量来解决上市企业社会责任信息披露与企业财务绩效之间可能存在的双向因果问题。理想的工具变量应该对上市企业社会责任信息披露范围和披露重点有影响，但对上市企业的财务绩效而言是外生的。本章参考了 Zhang 等（2020c）的研究，并结合我国的实际情况，选取了按地区生产总值标准化的中国各省份社会组织数量（Social organization）和同行业企业社会责任信息披露范围和披露重点（Peer scope 和 Peer emphasis）作为工具变量。社会组织的数据来源于历年《中国统计年鉴》，该数据从 2008 年开始公布。各地区的社会组织主要包括慈善组织、环保组织、志愿组织、基金会以及其他类型的非政府组织。以往研究指出，上市企业所在地区的社会组织的行动会对上市企业的社会责任产生较大的影响（Cantor and Packer，1997），因此社会组织数量较多的地区往往反映了多元化的利益相关者诉求，这在一定程度上能够促使上市企业解决更多的社会问题，促进企业社会责任的履行，进而影响上市企业社会责任信息披露。然而，一个地区的社会组织数量则不太可能对上市企业的财务绩效产生影响。选取同行业企业社会责任信息披露范围和披露重点是因为同一行业企业的社会责任信息披露可能对上市企业社会责任信息披露产生溢出效应，但不会直接影响上市企业财务绩效。

　　为了确保工具变量的有效性，在使用工具变量考察上市企业社会责任信息披露范围对企业财务绩效的影响时，本书首先采用 Cragg-Donald Wald 的 F 统计值检验是否存在弱工具变量问题，得到的 F 值为 15.15，大于临界值 10，表明不存在弱工具变量问题。本书进一步采用 Sargan Test 进行了过度识别检验，得到的 p 值为 0.8502，表明社会组织和同行披露的社会责任信息范围这两个工具变量具有较好的外生性。在考察上市企业社会责任信息披露重点对企业财务绩效的影响时，本书同样采用 Cragg-Donald Wald 的 F 统计值检验是否存在弱工具变量问题，得到的 F 值为 91.56，远远大于临界值 10，说明不存在弱工具变量问题。本书同样采用 Sargan Test 进行了过度识别检验，得到的 p 值为 0.2380，表明社会组织和同行披露的社会责任重点信息这两个工具变量具有较好的外生性，因此本章选取的两个工具变量是有效的。

　　表 4-8 列出了工具变量的回归结果。模型 1 和模型 2 是第一阶段回归结果，模型 1 的因变量是上市企业社会责任信息披露范围，模型 2 的因变量是上市企业社会责任信息披露重点。模型 3 和模型 4 是第二阶段回归结果，因变量是上市企业的财务绩效。从模型 3 可以看出，在使用工具变量控制了内生性问题后，社会责任信息披露范围与上市企业财务绩效依然显著正相关（$\beta = 0.0437$，$p < 0.05$）。同样地，从模型 4 可以看出，社会责任信息披露重点与上市企业财务绩效依然显著正相关（$\beta = 0.0359$，$p < 0.001$）。

　　最后，为了确保研究结果的稳健性，本书更换了因变量的测量方式。具体而言，参照以往的文献，本书使用上市企业的净资产收益率（ROE）作为上市企业财务绩效的替代衡量方式（郝健等，2021；刘星等，2021；李林木等，2020）。上市企业的净资产收益率是指净资产与所有者权益的比值，反映了上市企业股东的投入产出比（郝健等，2021）。回归结果如表 4-9 所示，从表中的回归系数可以看出，在更换了上市企业财务绩效的测量方式之后，本书的研究结果依然稳健。

表 4-6 企业社会责任信息披露与企业财务绩效的 Heckman 第二阶段回归结果

变量	企业财务绩效					
	模型 1	模型 2	模型 3	模型 4	模型 5	模型 6
Firm size	−0.0364 ***	−0.0366 ***	−0.0364 ***	−0.0366 ***	−0.0361 ***	−0.0362 ***
	(−9.2934)	(−9.3358)	(−9.2927)	(−9.3488)	(−9.2148)	(−9.2633)
Firm age	0.0043 *	0.0042 *	0.0039 +	0.0041 *	0.0040 +	0.0039 +
	(2.0692)	(2.0324)	(1.9077)	(2.0026)	(1.9566)	(1.9024)
Flow ratio	0.0010 +	0.0010 +	0.0010 +	0.0010 +	0.0010 +	0.0010 +
	(1.7202)	(1.7197)	(1.7124)	(1.7027)	(1.7376)	(1.7213)
Firm risk	−0.0000	−0.0000	−0.0000	−0.0000	−0.0000	−0.0000
	(−0.3764)	(−0.4273)	(−0.3840)	(−0.3796)	(−0.3969)	(−0.3942)
Firm ownership	0.0109	0.0105	0.0104	0.0102	0.0105	0.0097
	(1.0007)	(0.9611)	(0.9580)	(0.9328)	(0.9602)	(0.8941)
Board independence	−0.0353	−0.0359	−0.0363	−0.0342	−0.0360	−0.0346
	(−1.0426)	(−1.0599)	(−1.0736)	(−1.0096)	(−1.0635)	(−1.0226)
CEO duality	0.0175 ***	0.0179 ***	0.0178 ***	0.0178 ***	0.0182 ***	0.0185 ***
	(3.3257)	(3.4112)	(3.3994)	(3.3973)	(3.4642)	(3.5325)
CEO age	−0.0001	−0.0001	−0.0002	−0.0002	−0.0002	−0.0002
	(−0.4475)	(−0.4726)	(−0.5041)	(−0.5465)	(−0.5305)	(−0.6342)
Male CEO	0.0003	0.0003	0.0002	−0.0001	0.0001	−0.0003
	(0.0409)	(0.0347)	(0.0298)	(−0.0083)	(0.0121)	(−0.0417)
GDP per capita	−0.0262	−0.0279	−0.0273	−0.0290	−0.0280	−0.0308
	(−1.2076)	(−1.2828)	(−1.2564)	(−1.3365)	(−1.2889)	(−1.4194)
Firm visibility	0.0049 ***	0.0047 ***	0.0048 ***	0.0046 ***	0.0048 ***	0.0046 ***
	(3.6789)	(3.5542)	(3.6202)	(3.4593)	(3.6651)	(3.4501)

续表

变量	企业财务绩效					
	模型 1	模型 2	模型 3	模型 4	模型 5	模型 6
Market competition	-0.0262^{+}	-0.0251^{+}	-0.0241^{+}	-0.0242^{+}	-0.0254^{+}	-0.0237^{+}
	(-1.8563)	(-1.7796)	(-1.7108)	(-1.7201)	(-1.8051)	(-1.6838)
Indsensitive	0.2221^{***}	0.2214^{***}	0.2223^{***}	0.2236^{***}	0.2247^{***}	0.2266^{***}
	(12.2035)	(12.1693)	(12.2267)	(12.2782)	(12.3533)	(12.4494)
Inverse mills ratio	-0.0134^{*}	-0.0139^{*}	-0.0142^{*}	-0.0140^{*}	-0.0145^{*}	-0.0151^{*}
	(-2.1964)	(-2.2652)	(-2.3142)	(-2.2929)	(-2.3769)	(-2.4716)
CSR scope		0.0048^{**}		0.0072^{***}		0.0072^{***}
		(2.7175)		(3.5033)		(3.4940)
CSR emphasis			0.0071^{***}		0.0016	0.0008
			(3.4095)		(0.5891)	(0.2723)
CSR scope×Indsensitive				-0.0082^{*}		-0.0090^{*}
				(-2.2916)		(-2.4913)
CSR emphasis×Indsensitive					0.0120^{**}	0.0130^{**}
					(2.9516)	(3.2012)
常数项	0.8430^{***}	0.8504^{***}	0.8493^{***}	0.8534^{***}	0.8434^{***}	0.8529^{***}
	(8.3700)	(8.4455)	(8.4397)	(8.4773)	(8.3850)	(8.4839)
年份虚拟变量	Yes	Yes	Yes	Yes	Yes	Yes
行业虚拟变量	Yes	Yes	Yes	Yes	Yes	Yes
样本量	6882	6882	6882	6882	6882	6882
R^2	0.0629	0.0641	0.0648	0.0650	0.0662	0.0683

注：括号内为 t 统计值，$+p<0.10$，$*p<0.05$，$**p<0.01$，$***p<0.001$。

表 4-7　企业社会责任信息披露与企业社会绩效的 Heckman 第二阶段回归结果

变量	企业社会绩效					
	模型 1	模型 2	模型 3	模型 4	模型 5	模型 6
Firm size	1.6394^{***}	1.6040^{***}	1.5993^{***}	1.6065^{***}	1.5822^{***}	1.5606^{***}
	(7.2426)	(7.1410)	(7.3863)	(7.1598)	(7.3053)	(7.2537)

续表

变量	企业社会绩效					
	模型 1	模型 2	模型 3	模型 4	模型 5	模型 6
Firm age	1.3295***	1.3317***	1.2160***	1.3218***	1.2120***	1.2104***
	(15.2966)	(15.4423)	(14.6011)	(15.3373)	(14.5553)	(14.6310)
ROA	2.4279***	2.1701**	1.7128*	1.2627**	1.7129*	1.5054*
	(3.3130)	(2.9825)	(2.4411)	(2.9756)	(2.4421)	(2.1598)
Flow ratio	0.0687*	0.0687*	0.0679*	0.0692*	0.0676*	0.0681*
	(2.0857)	(2.1040)	(2.1564)	(2.1195)	(2.1488)	(2.1795)
Firm risk	−0.0001	−0.0006	−0.0002	−0.0006	−0.0002	−0.0006
	(−0.0505)	(−0.2374)	(−0.1087)	(−0.2353)	(−0.1047)	(−0.2699)
Firm ownership	−0.0490	−0.1189	−0.2121	−0.0808	−0.2455	−0.2599
	(−0.0796)	(−0.1946)	(−0.3600)	(−0.1324)	(−0.4167)	(−0.4441)
Board independence	−4.2103*	−4.3175*	−4.5910*	−4.4618*	−4.5828*	−4.7808**
	(−2.1987)	(−2.2724)	(−2.5065)	(−2.3504)	(−2.5028)	(−2.6283)
CEO duality	−0.2568	−0.1597	−0.1178	−0.1543	−0.1174	−0.0340
	(−0.8636)	(−0.5408)	(−0.4139)	(−0.5234)	(−0.4128)	(−0.1202)
CEO age	0.0099	0.0086	0.0043	0.0105	0.0037	0.0045
	(0.5823)	(0.5094)	(0.2650)	(0.6233)	(0.2305)	(0.2767)
Male CEO	0.0468	0.0502	0.0099	−0.0472	−0.0194	−0.0824
	(0.0989)	(0.1070)	(0.0219)	(−0.1005)	(−0.0428)	(−0.1832)
GDP per capita	−1.2659	−1.6084	−1.6840	−1.6029	−1.5813	−1.8927
	(−1.0354)	(−1.3253)	(−1.4398)	(−1.3222)	(−1.3514)	(−1.6280)
Firm visibility	−0.1729*	−0.2048**	−0.1958**	−0.2068**	−0.1927**	−0.2220**
	(−2.2921)	(−2.7343)	(−2.7140)	(−2.7638)	(−2.6710)	(−3.0952)
Market competition	−1.9913*	−1.7881*	−1.2537	−1.8009*	−1.2234	−1.0891
	(−2.4512)	(−2.2177)	(−1.6122)	(−2.2359)	(−1.5735)	(−1.4100)
Indsensitive	−0.0101	−0.0122	−0.0059	0.1447**	−0.0007	0.1192*
	(−0.4499)	(−0.5453)	(−0.2721)	(3.0034)	(−0.0303)	(2.5391)
Inverse mills ratio	0.6778+	0.5990+	0.4262	0.6742+	0.4148	0.4169
	(1.9269)	(1.7158)	(1.2661)	(1.9299)	(1.2324)	(1.2444)

续表

变量	企业社会绩效					
	模型 1	模型 2	模型 3	模型 4	模型 5	模型 6
CSR scope		0.9347***		0.9513***		0.8117***
		(9.5497)		(9.7197)		(8.6374)
CSR emphasis			2.5837***		2.5750***	2.5105***
			(23.0588)		(22.9757)	(22.5062)
CSR scope×Indsensitive				0.2807***		0.2209**
				(3.6762)		(2.9166)
CSR emphasis×Indsensitive					0.0534*	0.0357
					(2.2539)	(1.4671)
常数项	−18.4856***	−17.3544**	−14.9548**	−17.2611**	−14.4747**	−13.6858**
	(−3.3273)	(−3.1476)	(−2.8131)	(−3.1341)	(−2.7215)	(−2.5904)
年份虚拟变量	Yes	Yes	Yes	Yes	Yes	Yes
行业虚拟变量	Yes	Yes	Yes	Yes	Yes	Yes
样本量	6840	6840	6840	6840	6840	6840
R^2	0.3253	0.3360	0.3829	0.3375	0.3834	0.3920

注：括号内为 t 统计值，+$p<0.10$，*$p<0.05$，**$p<0.01$，***$p<0.001$。

表 4-8　企业社会责任信息披露与企业财务绩效的工具变量回归结果

变量	披露范围	披露重点	企业财务绩效	企业财务绩效
	模型 1	模型 2	模型 3	模型 4
Firm size	−0.0366***	0.0968***	−0.0026+	−0.0089***
	(−4.5001)	(12.6007)	(−1.8866)	(−6.2480)
Firm age	−0.0080***	−0.0054*	0.0000	−0.0000
	(−3.4563)	(−2.4794)	(0.0350)	(−0.1505)
Flow ratio	−0.0026	−0.0045	0.0040***	0.0039***
	(−0.4609)	(−0.8689)	(5.9646)	(6.1351)
Firm risk	0.0017	−0.0003	−0.0053***	−0.0053***
	(0.3063)	(−0.0515)	(−8.0946)	(−8.3328)

续表

变量	披露范围	披露重点	企业财务绩效	企业财务绩效
	模型1	模型2	模型3	模型4
Firm ownership	−0.0873***	0.2479***	−0.0007	−0.0150***
	(−3.3271)	(10.0138)	(−0.2035)	(−3.7317)
Board independence	0.0245	−0.3056	−0.0446+	−0.0278
	(0.1196)	(−1.5932)	(−1.8410)	(−1.1661)
CEO duality	−0.0326	−0.0593+	0.0139***	0.0153***
	(−0.9825)	(−1.9073)	(3.4828)	(3.9477)
CEO age	0.0088***	0.0108***	0.0000	−0.0000
	(4.3571)	(5.6996)	(0.0829)	(−0.1825)
Male CEO	−0.0241	−0.0159	−0.0072	−0.0090
	(−0.4327)	(−0.3054)	(−1.0850)	(−1.4081)
Firm visibility	0.0400***	0.0354***	0.0045**	0.0053***
	(4.3718)	(4.1789)	(3.0483)	(4.9296)
Market competition	−0.0420	−0.1477*	−0.0186*	−0.0101
	(−0.5675)	(−2.3753)	(−2.2340)	(−1.3214)
Indsensitive	0.1819***	0.2867***	−0.0039	−0.0096*
	(7.0894)	(11.1597)	(−0.7238)	(−2.0342)
Social organization	0.0565	−0.0554		
	(1.4904)	(−1.5634)		
Peer scope	0.6395***			
	(5.2844)			
Peer emphasis		0.6725***		
		(13.4622)		
CSR scope			0.0437*	
			(2.0339)	
CSR emphasis				0.0359***
				(3.9525)
常数项	0.0471	−3.3317***	0.1077***	0.2849***
	(0.1763)	(−15.3999)	(3.3747)	(6.6615)

续表

变量	披露范围	披露重点	企业财务绩效	企业财务绩效
	模型 1	模型 2	模型 3	模型 4
年份虚拟变量	Yes	Yes	Yes	Yes
行业虚拟变量	Yes	Yes	Yes	Yes
样本量	6840	6840	6840	6840

注：括号内为 t 统计值，+p<0.10，＊p<0.05，＊＊p<0.01，＊＊＊p<0.001。

表 4-9　更换企业财务绩效测量方式的回归结果

变量	企业财务绩效					
	模型 1	模型 2	模型 3	模型 4	模型 5	模型 6
Firm size	-0.0602＊＊＊	-0.0604＊＊＊	-0.0598＊＊＊	-0.0602＊＊＊	-0.0591＊＊＊	-0.0590＊＊＊
	(-4.8379)	(-4.8561)	(-4.8097)	(-4.8393)	(-4.7507)	(-4.7448)
Firm age	-0.0048	-0.0051	-0.0059	-0.0053	-0.0056	-0.0061
	(-0.7102)	(-0.7634)	(-0.8717)	(-0.7903)	(-0.8349)	(-0.9023)
Flow ratio	0.0018	0.0018	0.0018	0.0018	0.0018	0.0018
	(0.9368)	(0.9381)	(0.9481)	(0.9289)	(0.9740)	(0.9676)
Firm risk	-0.0000	-0.0000	-0.0000	-0.0000	-0.0000	-0.0000
	(-0.3136)	(-0.3582)	(-0.3198)	(-0.3169)	(-0.3279)	(-0.3261)
Firm ownership	0.0437	0.0425	0.0424	0.0416	0.0425	0.0404
	(1.2310)	(1.1955)	(1.1937)	(1.1698)	(1.1968)	(1.1379)
Board independence	-0.2462＊	-0.2466＊	-0.2485＊	-0.2423＊	-0.2475＊	-0.2430＊
	(-2.2291)	(-2.2333)	(-2.2520)	(-2.1946)	(-2.2433)	(-2.2037)
CEO duality	0.0569＊＊＊	0.0581＊＊＊	0.0580＊＊＊	0.0581＊＊＊	0.0587＊＊＊	0.0598＊＊＊
	(3.3249)	(3.3966)	(3.3910)	(3.3947)	(3.4325)	(3.4993)
CEO age	0.0003	0.0003	0.0002	0.0002	0.0002	0.0001
	(0.2802)	(0.2625)	(0.2297)	(0.1981)	(0.2127)	(0.1275)
Male CEO	-0.0010	-0.0013	-0.0012	-0.0025	-0.0014	-0.0031
	(-0.0354)	(-0.0478)	(-0.0427)	(-0.0921)	(-0.0525)	(-0.1125)
GDP per capita	0.0467	0.0419	0.0435	0.0374	0.0424	0.0332
	(0.6609)	(0.5936)	(0.6163)	(0.5301)	(0.6009)	(0.4700)

续表

变量	企业财务绩效					
	模型1	模型2	模型3	模型4	模型5	模型6
Firm visibility	0.0069	0.0064	0.0066	0.0060	0.0067	0.0059
	(1.5941)	(1.4857)	(1.5307)	(1.3992)	(1.5588)	(1.3701)
Market competition	−0.0279	−0.0256	−0.0233	−0.0236	−0.0266	−0.0228
	(−0.6365)	(−0.5838)	(−0.5302)	(−0.5372)	(−0.6057)	(−0.5195)
Indsensitive	0.1585**	0.1569**	0.1604**	0.1639**	0.1665**	0.1731**
	(2.6431)	(2.6172)	(2.6775)	(2.7309)	(2.7762)	(2.8826)
CSR scope		0.0139*		0.0141*		0.0133*
		(2.3950)		(2.4197)		(2.2750)
CSR emphasis			0.0215**		0.0172*	0.0158*
			(3.1897)		(2.4392)	(2.2248)
CSR scope×Indsensitive				−0.0241*		−0.0258*
				(−2.0469)		(−2.1921)
CSR emphasis×Indsensitive					0.0263*	0.0291*
					(1.9914)	(2.1988)
常数项	1.7332***	1.7503***	1.7454***	1.7514***	1.7301***	1.7452***
	(5.4012)	(5.4553)	(5.4431)	(5.4605)	(5.3954)	(5.4451)
年份虚拟变量	Yes	Yes	Yes	Yes	Yes	Yes
行业虚拟变量	Yes	Yes	Yes	Yes	Yes	Yes
样本量	6882	6882	6882	6882	6882	6882
R^2	0.0252	0.0262	0.0269	0.0269	0.0276	0.0293

注：括号内为 t 统计值，$+p<0.10$，$*p<0.05$，$**p<0.01$，$***p<0.001$。

第五节 本章小结

本章详细报告了上市企业社会责任信息披露与企业绩效之间的实证检验结果。本章以 2007~2018 年发布企业社会责任报告的 A 股上市企业为研究样本，使用固定效应模型对 1100 家上市企业的 6882 个观测值进行多元回归分析，验证了上市企业社会责任信息披露范围和披露重点均能提高上市企业的财务绩效，同时也能提高上市企业的社会绩效。实证检验的结果表明，利益相关者预期能够影响上市企业社会责任信息披露对企业绩效的影响。具体而言，当上市企业属于社会责任敏感性行业时，企业社会责任信息披露范围与企业财务绩效之间的正相关关系被削弱，而企业社会责任信息披露重点与企业财务绩效之间的正相关关系被增强。当上市企业所在的行业环境较为动荡时，企业社会责任信息披露范围和披露重点与企业社会绩效之间的正相关关系均得到加强。本章所有的假设都得到了验证，具体检验结果如表4-10所示。

表 4-10　本章假设检验结果汇总

序号	假设内容	检验结果
假设 4a	企业社会责任信息披露范围与企业财务绩效正相关	支持
假设 4b	企业社会责任信息披露重点与企业财务绩效正相关	支持
假设 5a	社会责任敏感性行业弱化了企业社会责任信息披露范围与企业财务绩效之间的正相关关系	支持
假设 5b	社会责任敏感性行业强化了企业社会责任信息披露重点与企业财务绩效之间的正相关关系	支持
假设 6a	企业社会责任信息披露范围与企业社会绩效正相关	支持
假设 6b	企业社会责任信息披露重点与企业社会绩效正相关	支持
假设 7a	行业动荡性强化了企业社会责任信息披露范围与企业社会绩效之间的正相关关系	支持
假设 7b	行业动荡性强化了企业社会责任信息披露重点与企业社会绩效之间的正相关关系	支持

第五章

上市企业社会责任信息披露
研究的结果讨论

　　本书围绕社会责任信息披露制度规定、上市企业社会责任信息披露以及企业绩效之间的关系展开研究，并系统性地提出了如下四个研究问题。第一，社会责任信息披露制度规定如何影响上市企业社会责任信息披露？第二，利益相关者压力如何影响上市企业对社会责任信息披露制度规定的回应？第三，上市企业社会责任信息披露如何影响企业绩效？第四，利益相关者预期如何影响社会责任信息披露与上市企业绩效的关系？围绕这四个研究问题，本书构建了上市企业社会责任信息披露的两阶段模型，提出了14个研究假设，并进行了相应的实证分析。在第一阶段，基于制度理论的合法性管理成本视角探讨了社会责任信息披露制度规定与上市企业社会责任信息披露之间的关系，并基于我国上市企业2008～2018年的样本进行了实证检验。在第二阶段，从工具性利益相关者视角探讨了上市企业社会责任信息披露与企业绩效之间的关系，并使用我国2007～2018年的上市企业样本进行了实证检验。本章进一步讨论了本书所有的假设检验结果，并对本书的实践启示进行了讨论。

第一节　制度规定对上市企业社会责任
信息披露的影响

一　制度规定与上市企业社会责任信息披露

本书的假设 1a 分析了社会责任信息披露制度规定与企业社会责任信息披露范围之间的正相关关系，得到了数据结果的支持，表明上市企业在面临社会责任信息披露制度规定时，会遵守制度规定，设置较大的社会责任信息披露范围，以获得政府授予的合法性。同样，本书的假设 1b 分析了制度规定与上市企业社会责任信息披露重点之间的负相关关系，也得到了数据结果的支持，表明上市企业在面临社会责任信息披露制度规定时，会披露较少的社会责任重点信息，以尽可能低的成本获得政府授予的合法性。本书的研究结论表明，在面临社会责任信息披露制度规定时，上市企业通过平衡社会责任信息披露范围和披露重点之间的关系来实现以最低的成本获得合法性的目的，即通过设置符合制度规定的社会责任信息披露范围来获得政府授予的合法性，同时披露较少的社会责任重点信息以避免给企业生产经营带来过多的成本。

这一结论与以往的研究既相互联系又有所区别。一方面，这与一部分学者的研究结论基本一致，即当上市企业面临社会责任信息披露制度规定时，往往会与制度规定保持一致，以获得政府授予的合法性，避免违反规定带来的非法性惩罚。例如，Marquis 和 Qian（2014）发现，在面临社会责任信息披露制度规定时，上市企业会按照制度规定发布企业社会责任报告以获得合法性。Jackson 等（2020）发现，企业社会责任信息披露制度规定给企业带来了合法性压力，企业为了追求合法性往往在社会责任活动中表现出较强的同质性。Aragòn-Cor-rea 等（2020）指出，面临环境保护监管的制度规定时，企业往往参与更多的环境保护行为，通过提升企业的环境保护绩效来获得合法性，避免违反环境保护规定带来的惩罚。同样，本书的研究结论也表明，上市企业在面临社会责任信息披露制度规定时，会扩大社会责任信息披露范围来获得政府授予的合法性。

另一方面，本书的结论与以往的研究有所区别。已有研究注意到了社会责任信息披露制度规定对上市企业社会责任信息披露的影响（Luo et al.，2017；Marquis and Qian，2014），但这些研究往往将企业社会责任涵盖的多个领域视作一个整体，忽略了企业社会责任的多维复杂性，以及上市企业在社会责任多个维度之间的披露权衡。尽管探讨社会责任信息披露制度规定对上市企业整体披露策略的影响有助于从外部视角预测上市企业对制度规定的回应方式，但难以观测到上市企业在面对社会责任信息披露制度规定时如何在多个社会责任领域之间进行权衡，因此无法识别上市企业响应社会责任信息披露制度规定的内在动机以及探讨社会责任信息披露制度在促进上市企业社会责任履行方面发挥的作用。学者们也不断呼吁关注企业社会责任的多维性，从企业社会责任的整体概念转换到社会责任的多个领域，以更细致地考察上市企业在社会责任履行中的资源分配，对企业社会责任有更加全面的了解（Wang et al.，2020）。通过引入上市企业社会责任信息披露范围和披露重点两个维度，本书探讨了上市企业在面对社会责任信息披露制度规定时，如何在合法性压力和披露成本之间进行权衡，进而采取一种能够以较低成本获得合法性的社会责任信息披露方式。

因此，本书的研究结论既继承了已有的研究发现，又拓展了现有研究的视角。通过探讨社会责任信息披露制度规定对上市企业社会责任信息披露的影响，本书打开了社会责任信息披露制度规定与上市企业社会责任信息披露行为之间的"黑匣子"，阐述了上市企业响应社会责任信息披露制度规定的内在动机，丰富了社会责任信息披露制度规定与上市企业社会责任信息披露之间关系的研究。

二 企业知名度的调节作用

对假设 2a 和假设 2b 的检验，证实了利益相关者压力对社会责任信息披露制度规定与社会责任信息披露行为之间关系的调节效应。假设 2a 的研究结论表明，企业知名度强化了社会责任信息披露制度规定与社会责任信息披露范围之间的正相关关系，即知名度较高的上市企业相对于知名度较低的上市企业在面临社会责任信息披露制度规定时会设置更大的社会责任信息披露范围。假设 2b 的研究结论表明，企业知名度强化了社会责任信息披露制度规定与上市企业社会责任信息披露重点之间的负相关关系，即知名度较高的上市企业相对于知名度较低的上市企业在面临社会责任信息披露制度规定时会披露更少的社会责任重点信息。

这一研究结论表明：当上市企业知名度较高时，企业面临的合法性压力随之增加，因此上市企业会设置更大的社会责任信息披露范围，以平衡多个利益相关者的压力；而披露更少的社会责任重点信息，以降低企业社会责任信息披露的成本。具体而言，在对假设 2a 进行检验的过程中，本书发现，在面临社会责任信息披露制度规定时，知名度高的上市企业相对于知名度低的上市企业会设置更大的社会责任信息披露范围。这一方面表明知名度高的上市企业对社会责任信息披露制度规定的敏感度更高，因此面临社会责任信息披露制度规定时更愿意遵守制度规定，设置较大的社会责任信息披露范围来获得合法性；另一方面表明知名度高的上市企业往往因绝大多数利益相关者群体的较高预期而面临着更大的合法性压力，因而设置更大的社会责任信息披露范围来获得合法性。同样，在对假设 2b 进行检验的过程中，本书发现，在面临社会责任信息披露制度规定时，知名度高的上市企业相对于知名度低的上市企业会披露更少的社会责任重点信息。当企业知名度高时，上市企业的社会责任信息披露会受到绝大多数利益相关者群体的关注，然而，向绝大多数利益相关者群体披露企业社会责任重点信息意味着上市企业需要投入更多的资源，付出更高的成本，这与上市企业尽可能以较低的成本获取合法性的动机是相悖的。由于扩大社会责任信息披露范围已经帮助上市企业获得了合法性，在面临社会责任信息披露制度规定时，知名度高的上市企业不太可能支付额外的成本来披露社会责任重点信息。综上所述，本书的研究结论表明上市企业如何应对社会责任信息披露制度规定也取决于上市企业面临的利益相关者压力，揭示了利益相关者压力是影响上市企业应对社会责任信息披露制度规定的重要情境因素，丰富了关于组织响应制度规定的相关文献。

三　市场竞争的调节作用

本书的假设 3a 分析了市场竞争对社会责任信息披露制度规定与上市企业社会责任信息披露范围之间关系的调节作用，未能得到数据支持，说明市场竞争对社会责任信息披露制度规定与上市企业社会责任信息披露范围之间的关系没有产生显著影响。假设 3a 的数据结果未能得到验证，即市场竞争程度高的上市企业与市场竞争程度低的上市企业在面临社会责任信息披露制度规定时社会责任信息披露的范围没有显著的差异。本书分析了可能存在的情况。由于社会责任信息披露制度规定中已经明确指出了上市企业社会责任信息的披露范围，因而上市企业披露的社会责任信息范围是存在上限的。当上市企业面临社会责任信息披露制度规定时，如果在市场竞争程度较低的情况下，上市企业披露的社会责任信息范围已经达到上限，在市场竞争程度高的情况下就不能在企业社会责任信息披露范围的扩大方面做出额外的努力。因此，市场竞争对社会责任信息披露制度规定与社会责任信息披露范围之间的关系没有产生显著影响。

本书的假设 3b 分析了市场竞争对社会责任信息披露制度规定与上市企业社会责任信息披露重点之间关系的调节作用，得到了数据结果的支持。研究结论表明，市场竞争弱化了社会责任信息披露制度规定与上市企业社会责任信息披露重点之间的负相关关系，即市场竞争程度高的上市企业相对于市场竞争程度低的上市企业在面临社会责任信息披露制度规定时会披露更多的社会责任重点信息。这一研究结论表明：当上市企业所在的市场竞争激烈时，上市企业面临着来自关键少数利益相关者的生存威胁，因此上市企业会披露较多的社会责任重点信息，以获得关键利益相关者的支持。具体而言，当市场竞争程度高时，上市企业面临的环境不确定性增加，对客户、员工和供应商等特定利益相关者群体的依赖程度增加，因此上市企业会披露较多的社会责任重点信息向关键的利益相关者示好，以在市场竞争中赢得利益相关者的支持。尽管披露社会责任重点信息可能会给上市企业带来较高的成本，但也决定了上市企业能否在激烈竞争的市场中存活下来。具体来说，当市场竞争程度激烈时，上市企业披露社会责任重点信息的成本远远低于上市企业在市场竞争中失败的代价。因此，在面临社会责任信息披露制度规定时，市场竞争程度高的上市企业相较于市场竞争程度低的上市企业会披露更多的社会责任重点信息。综上所述，本书的研究结论再一次证明了利益相关者压力对上市企业响应社会责任信息披露制度规定的方式造成的影响，同时也揭示了来自绝大多数利益相关者压力与来自关键少数利益相关者压力对上市企业社会责任信息披露行为产生的差异化影响，丰富了组织响应制度规定的相关文献。

第二节　上市企业社会责任信息披露
对企业绩效的影响

一　上市企业社会责任信息披露对企业财务绩效的影响

本书的假设 4a 分析了企业社会责任信息披露范围与上市企业财务绩效之间的正相关关系，得到了数据结果的支持，表明企业社会责任信息披露范围与上市企业财务绩效正相关。研究结论表明，上市企业披露的社会责任信息范围越广，就能得到越多利益相关者的支持，企业的财务绩效越好。本书的假设 4b 分析了上市企业社会责任信息披露重点与上市企业财务绩效之间的正相关关系，得到了数据结果的支持，表明企业社会责任信息披露重点与上市企业财务绩效正相关。研究结论表明，上市企业披露的社会责任重点信息越多，得到利益相关者支持的程度越高，上市企业财务绩效越好。

本书的研究结论表明：社会责任信息披露是上市企业与利益相关者对话、解决利益相关者诉求、赢得利益相关者支持和提升上市企业财务绩效的重要途径。在对假设 4a 进行检验的过程中，本书发现，企业社会责任信息披露范围一方面反映了上市企业对利益相关者群体诉求的关注程度，另一方面也代表了利益相关者群体对上市企业的回馈程度。上市企业披露的社会责任信息范围越广，涉及的利益相关者群体越大，表明上市企业对利益相关者群体的诉求关注越多，越能够提升上市企业的社会形象和品牌价值，越能获得利益相关者的支持，上市企业的财务绩效也越好。在对假设 4b 进行检验的过程中，本书发现，企业社会责任信息披露重点既反映了上市企业对利益相关者群体诉求的重视程度，也代表了利益相关者群体对上市企业的支持程度。上市企业披露的社会责任重点信息越多，表明对利益相关者投入的资源越多，获得利益相关者信任和支持的程度就越高，上市企业的财务绩效也越好。

二 社会责任敏感性行业的调节作用

假设 5a 和假设 5b 的检验结果表明社会责任敏感性行业会影响社会责任信息披露与上市企业财务绩效之间的正相关关系。假设 5a 的研究结论表明，社会责任敏感性行业削弱了企业社会责任信息披露范围与上市企业财务绩效之间的正相关关系，即相对于非敏感性行业，社会责任敏感性行业上市企业披露的社会责任信息范围对企业财务绩效的促进作用有限。假设 5b 的研究结论表明，社会责任敏感性行业增强了企业社会责任信息披露重点与上市企业财务绩效之间的正相关关系，即相对于社会责任非敏感性行业，社会责任敏感性行业企业披露的社会责任重点信息对上市企业财务绩效的促进作用更加显著。

这一研究结论表明：当上市企业属于社会责任敏感性行业时，容易受到利益相关者的监督与关注，因此上市企业披露的社会责任重点信息相对于社会责任信息披露范围更能满足利益相关者的预期，获得利益相关者的支持。由于社会责任敏感性行业的特殊性，利益相关者往往要求上市企业披露社会责任履行的具体信息，上市企业扩大披露的社会责任信息范围虽然反映了上市企业对利益相关者群体的关注程度，但缺乏对利益相关者诉求的具体回应，因此在提升企业财务绩效方面发挥的作用有限。相比之下，社会责任敏感性行业企业披露的社会责任重点信息则满足了利益相关者对于上市企业社会责任具体投入情况的预期，显示了上市企业对利益相关者诉求的重视程度，因而更能赢得利益相关者的支持，进而提高上市企业财务绩效。

三　上市企业社会责任信息披露对企业社会绩效的影响

本书的假设 6a 分析了企业社会责任信息披露范围与上市企业社会绩效的正相关关系，得到了数据结果的支持，表明社会责任信息披露范围与上市企业社会绩效正相关。研究结论表明，上市企业披露的社会责任信息范围越广，涉及的利益相关者群体就越大，上市企业的社会绩效越好。本书的假设 6b 分析了企业社会责任信息披露重点与上市企业社会绩效的正相关关系，得到了数据结果的支持，表明社会责任信息披露重点与上市企业社会绩效正相关。研究结论表明，上市企业披露的社会责任重点信息越多，对利益相关者的投入越多，上市企业的社会绩效越好。

本书的研究结论表明：社会责任信息披露是上市企业与利益相关

者进行沟通交流，促进上市企业与利益相关者相互信任的合作关系以及提升上市企业社会绩效的关键途径。在对假设6a进行检验的过程中，本书发现，上市企业扩大披露的社会责任信息范围增加了利益相关者对上市企业社会责任的了解和信任。上市企业披露的社会责任信息范围越广，涉及的利益相关者群体越大，越能促进利益相关者对上市企业的关注与信任，建立企业与利益相关者之间良好的合作关系，提升上市企业的社会绩效。在对假设6b进行检验的过程中，本书发现，上市企业披露的社会责任重点信息进一步提升了利益相关者对上市企业的信任与认可。上市企业社会责任信息披露重点越多，披露的社会责任信息越详细，利益相关者对上市企业了解的程度就越深，获得利益相关者认可与信任的程度也越高，上市企业的社会绩效越好。

四 行业动荡性的调节作用

假设7a和假设7b的检验结果表明，行业动荡性会影响企业社会责任信息披露与上市企业社会绩效之间的正相关关系。假设7a的研究结论表明，行业动荡性强化了企业社会责任信息披露范围与企业社会绩效之间的正相关关系，即相对于稳定的行业环境，企业扩大社会责任信息披露范围在动荡的行业环境中更能促进上市企业的社会绩效提升。假设7b的研究结论表明，行业动荡性强化了企业社会责任信息披露重点与企业社会绩效之间的正相关关系，即相对于稳定的行业环境，企业披露的社会责任重点信息在动荡的行业环境中更能提升上市企业社会绩效。

这一研究结论表明：当上市企业所在的行业环境较为动荡时，企业披露的社会责任信息范围和社会责任重点信息更能彰显上市企业对利益相关者的重视，赢得利益相关者的支持，促进上市企业的社会绩效提升。一方面，相对于稳定的行业环境，上市企业在动荡的行业环境中会为企业核心业务分配较多的资源，对社会责任活动投入较少的资源。因而，在动荡的行业环境中，上市企业社会责任信息披露范围越大，越能反映上市企业对利益相关者的关注与重视，获得利益相关者的信任与支持，进而提升上市企业社会绩效。另一方面，相对于稳定的行业环境，上市企业在动荡的行业环境中对关键利益相关者的依赖程度增加，因而利益相关者对上市企业社会责任活动抱有较高的预期。上市企业披露的社会责任重点信息越多，为利益相关者提供的社会责任信息越具体，越能满足利益相关者对上市企业的高预期，进而获得利益相关者的信任与支持，提高上市企业的社会绩效。

第三节　上市企业社会责任信息披露研究的实践启示

随着中国式现代化的不断推进、国家对高质量发展的全面推动，上市企业的高质量发展已经成为必然要求。作为上市企业高质量发展中不可缺少的环节，企业社会责任在中国式现代化进程中发挥的作用不容小觑。其一，中国式现代化是全体人民共同富裕的现代化。上市企业通过履行社会责任将获得的利润回馈给利益相关者和社会大众，与更广泛的社会大众共享企业价值，促进全体人民的共同富裕。其二，中国式现代化是人与自然和谐共生的现代化。上市企业通过履行环境保护责任实现人与自然的和谐共生，为实现共同富裕提供可持续的动力，在经济与生态的高质量发展中推动中国式现代化的建设。作为企业社会责任履行的显性反映，上市企业社会责任信息披露是展示上市企业参与社会责任活动积极性、彰显上市企业高质量发展能力、发挥上市企业在中国式现代化建设中作用的一个重要窗口。

然而，现阶段我国上市企业披露社会责任信息的主要驱动力仍然是政府的社会责任信息披露制度规定。考虑到上市企业社会责任信息披露在中国式现代化进程中发挥的重要作用，如何推动上市企业披露高质量社会责任信息就成为当下亟待解决的重要问题。基于此，本书考察了社会责任信息披露制度的政策效果以及上市企业社会责任信息披露对企业绩效的影响。一方面，探讨社会责任信息披露制度规定对上市企业社会责任信息披露实践的影响，对评估社会责任信息披露制度的政策效用，以及推动上市企业社会责任信息披露实践具有重要意义。另一方面，考察社会责任信息披露对上市企业绩效的影响，能够帮助上市企业更加准确地评估社会责任信息披露带来的经济效益和社会效益，进而指导上市企业更好地开展社会责任信息披露工作，促进上市企业披露高质量的社会责任信息。本书对管理实践的启示主要包括如下几个方面。

第一，通过探讨社会责任信息披露制度规定对上市企业社会责任信息披露的影响，本书为上市企业管理者处理制度带来的合法性压力与企业经济成本之间的冲突提供了很好的经验。本书的研究结论表明，在面对社会责任信息披露制度规定时，上市企业通过设置较大的社会责任信息披露范围和披露较少的社会责任重点信息来战略性地平衡信息披露制度带来的合法性压力和企业经济成本之间的冲突。上市企业面临社会责任信息披露制度规定时，往往需要遵守制度要求，通过披露企业的社会责任履行情况来获得政府授予的合法性。然而，披露企业社会责任信息往往需要上市企业在社会责任履行中投入资源，甚至需要改变组织结构来满足社会责任要求，例如进行绿色生产往往需要企业投资更加节能环保的设备，这无疑会给企业带来较高的经济成本。因而，上市企业管理者在面对社会责任信息披露制度规定时往往需要在合法性压力与企业经济成本之间进行权衡。本书的结论指出，企业社会责任是一个多维的概念，包含股东、员工、客户等多类利益相关者权益和环境保护等多个领域，因此上市企业在面对社会责任信息披露制度规定时，可以在社会责任的多个领域间进行选择，通过权衡企业社会责任信息的披露范围和披露重点来平衡合法性压力和经济成本之间的冲突。

第二，通过探讨企业社会责任信息披露范围和披露重点对上市企业财务绩效以及上市企业社会绩效的影响，本书为管理者预测社会责任信息披露的效果提供了可靠的理论依据。尽管企业社会责任信息披露可能会给上市企业带来一定的成本，但是企业社会责任信息披露既能够提升上市企业的财务绩效，也能提升上市企业的社会绩效。基于本书的研究结论，上市企业在社会信息披露实践中，一方面可以通过扩大企业社会责任信息披露的范围，树立良好的企业形象，提升上市企业在利益相关者心中的品牌形象，进而获得利益相关者的关注与支持，与利益相关者建立良好的合作关系，提升企业的财务绩效和社会绩效；另一方面可以通过披露社会责任重点信息来展示上市企业对利益相关者的重视程度，进一步深化利益相关者对上市企业的信任程度与忠诚度，进而提升上市企业的财务绩效和社会绩效。因而，对于上市企业管理者而言，在社会责任信息披露实践中，不论是扩大上市企业社会责任信息披露范围还是披露社会责任重点信息，对于促进上市企业的经济效益和社会效益都有很大的益处。

第三，通过考察利益相关者压力在上市企业社会责任信息披露中的调节作用，本书主张上市企业管理者应该重视利益相关者发挥的关键作用，将社会责任信息披露作为赢得利益相关者支持和提升企业绩效的关键武器。一方面，由于企业社会责任信息披露涉及上市企业对多个利益相关者群体的利益保护情况，因此面对社会责任信息披露制度规定时，上市企业应当同时考虑到多个利益相关者群体的诉求，在社会责任信息披露实践中解决利益相关者的诉求。本书的结论表明，利益相关者压力是上市企业应对制度规定的重要情境因素。例如，当上市企业面临的市场竞争程度较高时，可以通过增加社会责任信息披露重点来获得关键利益相关者的信任与支持。尤其是随着数字通信和社交媒体在新兴经济体中的蓬勃发展，利益相关者能够对上市企业行为施加即时、直接和强大的压力。具体来说，互联网技术使得一大群分散在各处的利益相关者同时关注上市企业的社会责任活动、发出他们的声音，并迫使上市企业做出反应成为可能。在这种情况下，上市企业应当更加重视利益相关者给企业带来的影响，善于利用互联网技术来提升企业在利益相关者心中的形象。另一方面，企业社会责任信息披露能否有效转化为上市企业的经济效益和社会效益取决于利益相关者是否支持。本书的结论表明，利益相关者预期是企业社会责任信息披露与上市企业绩效之间重要的边界条件。具体而言，只有当上市企业满足利益相关者对于上市企业的预期、获得利益相关者的信任与支持时，企业社会责任信息披露才能更好地转化为经济效益和社会效益。例如，2021年鸿星尔克公司向河南省洪灾捐款之后产生的巨大销售额，证实了上市企业的社会责任信息在满足了利益相关者预期之后对企业经济效益产生的巨大影响。在这种趋势下，上市企业管理者应当善用利益相关者的力量，将社会责任信息披露作为维护与利益相关者关系、赢得市场竞争的武器，促进社会责任信息披露效用的最大化。

第四，通过探讨社会责任信息披露制度规定对上市企业社会责任信息披露行为的影响，本书提出，政策制定者可以通过实施财政补贴或税收减免等激励措施帮助上市企业降低社会责任信息披露的成本，从而鼓励上市企业披露高质量社会责任信息。尽管政府颁布的社会责任信息披露制度促进了上市企业的社会责任信息披露行为，但我国的高质量社会责任信息披露仍然有很长的路要走。本书的研究结论表明，尽管制度规定促进了上市企业扩大社会责任信息的披露范围，但在促进上市企业披露社会责任重点信息方面表现不佳。这一现象的主要原因是上市企业披露高质量社会责任信息的成本超过了上市企业可能获得的合法性利益。针对这一现象，本书提出了一个可能的解决方案，即政府可以通过实施财政补贴或税收减免等激励措施，在上市企业社会责任信息披露的早期阶段降低企业的披露成本，当上市企业能够从社会责任信息披露中获利时，政府再逐渐撤销政策支持。一个典型的例子是我国环保产业的发展。在早期阶段，环保产业的发展主要依靠国家对环保的投资。以 2005 年为例，我国政府在环保方面的投资为 8388 亿元，高达 GDP 的 1.3%[①]。近年来，随着环保产业经营收入的不断增加，国家对环保的投入也在逐步减少。以 2019 年为例，当环保产业收入达到 17800 亿元时，我国政府环保投入也减少为556.8 亿元[②]。因此，本书主张政策制定者应该充分评估上市企业社会责任信息披露的成本，采取措施帮助上市企业降低披露高质量社会责任信息的成本，实现企业社会责任信息披露政策效果的最大化。

---

① 资料来源：http://big5. www. gov. cn/gate/big5/www. gov. cn/jrzg/2006 - 11/11/content_ 439813. htm。

② 资料来源：https://www. mee. gov. cn/ywgz/kjycw/tzyjszd/hbcy/202011/P020201106355662242838. pdf。

第六章

结论与展望

第一节　主要研究结论

本书围绕社会责任信息披露制度规定、上市企业社会责任信息披露行为以及企业绩效之间的关系构建了一个上市企业社会责任信息披露的理论模型。本书首先探讨了社会责任信息披露制度规定对上市企业社会责任信息披露行为的影响以及企业知名度和市场竞争的调节作用，接着考察了上市企业社会责任信息披露行为对企业绩效的影响以及社会责任敏感性行业和行业动荡性的调节作用，并分别开展了两项相应的实证研究。一是基于我国上市企业 2008~2018 年的样本进行实证检验；二是使用我国 2007~2018 年的上市企业样本进行实证检验。在两个实证研究的基础上，本书得出了如下的研究结论。

第一，根据制度理论的合法性管理成本视角，本书发现社会责任信息披露制度规定对上市企业社会责任信息披露范围产生了正向影响，而对上市企业社会责任信息披露重点产生了负向影响。具体而言，当面临社会责任信息披露制度规定时，上市企业往往会设置较大的社会责任信息披露范围来获取合法性，同时披露较少的社会责任重点信息来降低上市企业获得合法性的成本。

第二，本书提出企业知名度和市场竞争会影响社会责任信息披露制度规定与上市企业社会责任信息披露的关系。本书有如下发现。(1) 企业知名度既强化了社会责任信息披露制度规定与企业社会责任信息披露范围之间的正相关关系，也强化了社会责任信息披露制度规定与企业社会责任信息披露重点之间的负相关关系。企业知名度使上市企业面临着来自绝大多数利益相关者群体的压力，增加了上市企业的合法性压力和经济成本。因此，当知名度较高的上市企业面临社会责任信息披露制度规定时，会设置更大的社会责任信息披露范围和披露更少的社会责任重点信息。(2) 市场竞争弱化了社会责任信息披露制度规定与企业社会责任信息披露重点之间的负相关关系。市场竞争增加了上市企业对关键少数利益相关者的依赖程度，促使上市企业对关键少数利益相关者的利益给予额外关注。因此，当市场竞争程度高的上市企业在面临社会责任信息披露制度规定时，会披露更多的社会责任重点信息，以向关键少数的利益相关者表示善意，赢得利益相关者的支持。

第三，根据工具性利益相关者视角，本书考察了企业社会责任信息披露范围和披露重点对上市企业财务绩效和上市企业社会绩效产生的影响。本书有如下发现。(1) 上市企业披露的社会责任信息范围越广，得到越多利益相关者的支持，上市企业财务绩效越好；上市企业披露的社会责任重点信息越多，得到利益相关者支持的程度越高，上市企业财务绩效越好。(2) 上市企业披露的社会责任信息范围越广，涉及的利益相关者群体就越大，上市企业社会绩效越好；上市企业披露的社会责任重点信息越多，表明对利益相关者的投入越多，上市企业社会绩效越好。

第四，本书提出社会责任敏感性行业和行业动荡性会影响社会责任信息披露与上市企业绩效之间的关系。本书有如下发现。(1) 敏感性行业弱化了企业社会责任信息披露范围与上市企业财务绩效之间的正相关关系,增强了企业社会责任信息披露重点与上市企业财务绩效之间的正相关关系。当上市企业属于社会责任敏感性行业时,利益相关者往往更加重视上市企业披露的社会责任重点信息而非社会责任信息范围,因此上市企业披露的社会责任重点信息更能提升企业的财务绩效。(2)行业动荡性既强化了企业社会责任信息披露范围与上市企业社会绩效之间的正相关关系,也强化了企业社会责任信息披露重点与上市企业社会绩效之间的正相关关系。当行业环境动荡时,上市企业的资源分配往往受到限制,因此上市企业披露的社会责任信息范围越广,披露的社会责任重点信息越多,越能反映上市企业对利益相关者群体的关注与重视,获得利益相关者的信任与支持,进而提升上市企业的社会绩效。

第二节　研究的创新之处

本书的创新点主要有以下三个方面。

第一,基于制度理论的合法性管理成本视角,本书揭示了社会责任信息披露制度规定同时给上市企业带来的合法性压力和经济成本,阐明了社会责任信息披露制度规定与上市企业社会责任信息披露行为之间的关系,从制度理论视角丰富了社会责任信息披露的前因变量,深化了对上市企业社会责任信息披露动机的理解。

以往研究强调遵守社会责任信息披露制度规定给上市企业带来的合法性利益,忽视了遵守制度给上市企业造成的经济成本。不少研究指出,面临社会责任信息披露制度规定时,上市企业通过发布社会责任报告可以从政府获得合法性地位(Crane and Glozer,2016)。然而,披露社会责任信息无疑会给上市企业带来经济成本。基于此,本书从制度理论的合法性管理成本视角出发,探讨了上市企业面对社会责任信息披露制度规定时如何在社会责任信息披露范围和社会责任信息披露重点之间进行权衡。本书发现，在面临社会责任信息披露制度规定时，上市企业通过设置较大的社会责任信息披露范围来获得合法性，通过披露较少的社会责任重点信息来减少经济成本，从而实现以最小成本获取合法性的目的。本书的研究结论表明，社会责任信息披露制度规定既给上市企业造成了合法性压力，也给上市企业带来了直接的经济成本。在此过程中，本书将社会责任信息披露的研究背景从上市企业所处的经济环境转向了政治环境，丰富了社会责任信息披露动机的研究。具体而言，Zhang 等（2020c）的研究表明，当上市企业处在市场竞争激烈的经济环境中，通过同时扩大企业社会责任信息披露范围和社会责任重点信息披露规模在市场竞争中获得最优区分地位，赢得竞争优势。本书将上市企业社会责任信息披露的经济背景拓展到了政治背景，即在社会责任信息披露制度规定的政治环境下，上市企业通过设置较大的社会责任信息披露范围和披露较少的社会责任重点信息帮助上市企业以最小的成本获取合法性。综上所述，通过探讨社会责任信息披露制度规定对上市企业社会责任信息披露范围和披露重点的影响，本书打开了社会责任信息披露制度规定与上市企业社会责任信息披露行为之间的"黑匣子"，揭示了社会责任信息披露制度规定同时给上市企业带来的合法性压力和经济成本，拓展了关于上市企业社会责任信息披露动机的相关研究，有助于深入地理解社会责任信息披露制度在促进上市企业社会责任信息披露方面发挥的作用。

第二，通过引入上市企业社会责任信息的披露范围和披露重点，本书探讨了上市企业在面临社会责任信息披露制度规定时在社会责任的多个领域以及相应领域的具体投入情况之间信息披露的权衡，填补了上市企业在社会责任的多个领域间披露选择的研究不足，丰富了社会责任信息披露的研究视角。

以往研究往往将企业社会责任涵盖的多个领域视作一个整体，从社会责任的整体性视角考察上市企业的社会责任信息披露行为，例如上市企业社会责任信息的披露速度和披露质量（Luo et al.，2017；Marquis and Qian，2014），或者关注社会责任信息披露制度规定对某一种特定类型社会责任信息披露的影响，如上市企业环境保护信息披露等，忽视了企业社会责任的多维本质。实际上，企业社会责任是一个多维度概念，包含了投资者利益保护、员工利益保护、消费者权益保护、环境保护等多个领域，因此上市企业在披露社会责任信息时往往需要在社会责任涵盖的多个领域之间进行权衡与选择。然而，现有研究尚未注意到社会责任信息披露制度规定对上市企业在社会责任的多个领域之间信息披露选择的影响。因此，本书基于企业社会责任的多维本质，探讨社会责任信息披露制度规定对上市企业在社会责任多个领域中的信息披露范围和信息披露重点的影响来填补这一研究空白。本书发现，社会责任信息披露制度规定与上市企业社会责任信息披露范围正相关，与上市企业社会责任信息披露重点负相关。本书的研究结论表明，上市企业在面临社会责任信息披露制度规定时，往往会披露上市企业参与的多种多样的社会责任活动，而较少披露上市企业社会责任活动的具体情况。通过探讨社会责任信息披露制度规定对上市企业社会责任信息披露范围和披露重点的影响，本书不仅揭示了上市企业在面临社会责任信息披露制度规定时在社会责任涵盖的多个领域中进行的信息披露选择，填补了关于上市企业在社会责任多个领域间信息披露的研究空白，也回应了以往研究关于从多个利益相关者视角研究企业社会责任的呼吁。

第三，本书考察了社会责任信息披露对上市企业绩效的影响，丰富了企业社会责任信息披露的结果变量，将企业社会责任与企业绩效之间关系的研究从企业社会责任的履行转向了企业社会责任的信息披露，拓展了企业社会责任与企业绩效之间关系的研究视角，揭示了利益相关者在上市企业社会责任信息披露和提升上市企业绩效方面发挥的关键作用。

现有研究大多关注社会责任信息披露的前因变量，只有少数研究注意到社会责任信息披露的结果变量。郑培培等（2017）采用实验研究的方法考察了社会责任信息披露对于个体投资决策的影响，钟马和徐光华（2017）发现社会责任信息披露促进了企业投资效率提升，钱明等（2016）发现社会责任信息披露缓解了企业的融资约束，这些研究重点关注了社会责任信息披露对于投资者的影响，少有研究关注社会责任信息披露对于上市企业绩效的影响。尽管以往研究探讨了企业社会责任与企业绩效之间的关系（Kim et al.，2018；Shiu and Yang，2017），但这些研究往往考察企业社会责任履行对企业绩效的影响（Godfrey et al.，2009；Wang and Qian，2011；Seo et al.，2021；Cuypers et al.，2015；Shiu and Yang，2017），例如慈善捐赠（Wang and Qian，2011；Seo et al.，2021）和环境保护（Flammer，2013；Xu et al.，2016）对企业绩效的影响，忽视了社会责任信息披露对企业绩效的影响。基于此，本书从工具性利益相关者视角出发，探讨了上市企业披露的社会责任信息范围和披露的社会责任重点信息对于上市企业财务绩效和上市企业社会绩效的影响。本书发现，上市企业社会责任信息披露范围越广，上市企业的财务绩效和社会绩效越好；上市企业社会责任信息披露重点越多，上市企业的财务绩效和社会绩效也越好。通过考察企业社会责任信息披露对上市企业绩效的影响，本书将企业社会责任与企业绩效之间关系的研究从企业社会责任的履行转向了企业社会责任的信息披露，拓展了企业社会责任与企业绩效之间的研究视角，丰富了上市企业社会责任信息披露的结果变量，揭示了利益相关者在提升上市企业绩效方面发挥的关键作用。

更进一步，本书揭示了利益相关者预期对于上市企业社会责任信息披露效果产生的影响。以往研究往往直接探讨社会责任信息披露与企业绩效之间的关系，例如 Vurro 和 Perrini（2011）考察了企业社会责任信息披露结构对于企业社会绩效的影响，少有研究关注社会责任信息披露与企业绩效之间的边界条件。基于此，本书引入社会责任敏感性行业和行业动荡性作为利益相关者预期的代理变量，考察社会责任敏感性行业对社会责任信息披露范围和披露重点与企业财务绩效之间关系的调节效应，以及行业动荡性对社会责任信息披露范围和披露重点与企业社会绩效之间关系的调节效应。通过探讨利益相关者预期对社会责任信息披露效果产生的差异化影响，本书从利益相关者视角丰富了社会责任信息披露效果的相关研究。

第三节　研究局限与展望

本书考察了"制度规定对上市企业社会责任信息披露的影响"和"上市企业社会责任信息披露对企业绩效的影响"两部分内容。虽然完成了研究预期，但本书仍然不免存在一些不足之处，以期能够成为未来的研究方向。

第一，本书的实证研究基于中国情境，这在一定程度上限制了本书的研究结论在其他国家的适用性。考虑到社会责任信息披露制度主要依靠政府的力量来促进上市企业披露社会责任信息，本书的部分研究结论（假设 1a 和假设 1b）对同样依靠政府力量促进上市企业披露社会责任信息的一部分国家（如印度和印度尼西亚等）具有一定的借鉴意义，但可能不适用于使用市场机制来调节上市企业社会责任信息披露行为的发达国家。鉴于不同国家的政治文化环境可能衍生出差异化的社会责任信息披露制度（Aragòn-Correa et al., 2020），能否使用本书的研究结论解释其他国家上市企业的社会责任信息披露行为仍然值得商榷。同时，随着一些国家开始实施社会责任信息披露制度，未来的研究既可以考察本书的研究结论在其他国家的适用性，也可以通过比较研究的方式来探讨社会责任信息披露制度在不同国家之间的差异化影响。

第二，本书在考察社会责任信息披露制度规定对上市企业社会责任信息披露的影响时，从企业社会责任的多维本质出发选择了 Zhang 等（2020c）对企业社会责任信息披露的分类，主要关注上市企业社会责任信息的披露范围和披露重点。虽然企业社会责任信息披露范围和披露重点可以详尽描述上市企业披露的社会责任信息，但并不意味着这个分类是绝对的和无可替代的。实际上，上市企业的社会责任信息披露方式可能存在各种各样的差异，例如 Koh 等（2023）考察了企业社会责任信息披露的语言表达，Wang 等（2022）考察了企业社会责任信息披露中使用图片信息的比例，Nazari 等（2017）研究了企业社会责任信息披露的可读性和语言的模糊程度。因此，未来的研究可以从企业社会责任信息披露的方式上进行深入挖掘，进一步丰富关于上市企业社会责任信息披露的研究。

第三，本书关于利益相关者压力的测量方式是基于上市企业特征和上市企业所处的市场环境构建的上市企业感知到的利益相关者压力，而非利益相关者直接对上市企业施加的压力。尽管这种测量方式能够区分绝大多数利益相关者的压力和关键少数的利益相关者压力，但是对利益相关者施加的直接压力如何影响社会责任信息披露制度规定与上市企业社会责任信息披露之间的关系仍然无法测度。希望未来的研究可以进一步考察利益相关者施加的直接压力如何影响上市企业对社会责任信息披露制度的响应。

第四，本书对社会责任信息披露制度规定的测量方式是虚拟变量，尽管以往研究已经证实了这种测量方式的有效性，但这种单一的测量方式可能会损失一些信息。例如不同地区之间社会责任信息披露政策的侧重点、执行力、社会监督等方面可能存在差异，因而政府的社会责任信息披露制度在不同地区间的执行力度往往会存在一定的差异。本书的测量方式难以观测到这些差异，希望未来的研究可以使用其他更加综合性的社会责任信息披露制度规定测量方式，更加全面地考察社会责任信息披露制度规定对上市企业社会责任信息披露的影响。此外，随着国家近两年对ESG的大力提倡，关于上市企业社会责任信息披露的政策规定越来越完善，上市企业需要披露的社会责任信息范围和需要披露的重点信息也越来越多，例如上市企业的每股社会贡献值、环境税、重大环境事件等。随着社会责任信息披露政策的变化，上市企业的社会责任信息披露范围和披露重点也可能发生变化。未来的研究可以在本书的研究基础上，进一步探讨社会责任信息披露制度规定的变化以及与之相应的上市企业社会责任信息披露范围和披露重点的变化。

第五，本书对上市企业社会责任信息披露重点的测量是一个相对综合的指标，因此难以分辨上市企业社会责任信息披露中的细分领域以及对应的利益相关者群体。具体而言，尽管实证检验的结果支持市场竞争削弱了社会责任信息披露制度规定与上市企业社会责任信息披露重点之间的负相关关系，但本书仍然难以确定消费者或是投资者中具体哪一类的利益相关者帮助上市企业在市场竞争中获胜。希望未来的研究可以从利益相关者的细分群体出发，考察投资者或消费者等具体类别的利益相关者群体的信任与支持如何帮助上市企业在市场竞争中获胜，以进一步完善本书的研究结果。

参考文献

毕茜、顾立盟、张济建，2015，《传统文化、环境制度与企业环境信息披露》，《会计研究》第 3 期。

蔡宁、贺锦江、王节祥，2017，《"互联网+"背景下的制度压力与企业创业战略选择——基于滴滴出行平台的案例研究》，《中国工业经济》第 3 期。

陈承、王宗军、叶云，2019，《信号理论视角下企业社会责任信息披露对财务绩效的影响研究》，《管理学报》第 3 期。

陈国辉、关旭、王军法，2018，《企业社会责任能抑制盈余管理吗？——基于应规披露与自愿披露的经验研究》，《会计研究》第 3 期。

陈晓易、王玉荣、杨震宁，2020，《企业社会责任与企业价值——组织惰性与行业敏感度的调节作用》，《技术经济》第 7 期。

邓新明、郭雅楠，2020，《竞争经验、多市场接触与企业绩效——基于红皇后竞争视角》，《管理世界》第 11 期。

冯丽艳、肖翔、赵天骄，2016，《经济绩效对企业社会责任信息披露的影响》，《管理学报》第 7 期。

韩洁、田高良、李留闯，2015，《连锁董事与社会责任报告披露：基于组织间模仿视角》，《管理科学》第 1 期。

郝健、张明玉、王继承，2021，《国有企业党委书记和董事长"二职合一"能否实现"双责并履"？——基于倾向得分匹配的双重差分模型》，《管理世界》第 12 期。

黄艺翔、姚铮，2016，《企业社会责任报告、印象管理与企业业绩》，《经济管理》第 1 期。

黄宇漩、杨胜刚、朱琦、杨捷琳，2023，《社会责任与企业风险——基于新冠感染疫情冲击的证据》，《管理科学》第 1 期。

贾明、张喆，2010，《高管的政治关联影响公司慈善行为吗？》，《管理世界》第 4 期。

蒋尧明、赖妍，2019，《高管海外背景对企业社会责任信息披露的影响——基于任职地区规制压力的调节作用》，《山西财经大学学报》第 1 期。

李林木、于海峰、汪冲、付宇，2020，《赏罚机制、税收遵从与企业绩效——基于纳税信用管理制度的研究》，《经济研究》第 6 期。

李巍、黄磊，2013，《企业整合品牌管理的制度驱动机制研究——基于快速消费品行业企业的探索性分析》，《华东经济管理》第 5 期。

连燕玲、贺小刚、张远飞、周兵，2012，《危机冲击、大股东"管家角色"与企业绩效——基于中国上市公司的实证分析》，《管理世界》第 9 期。

刘柏、卢家锐，2018，《"顺应潮流"还是"投机取巧"：企业社会责任的传染机制研究》，《南开管理评论》第 4 期。

刘乾、陈林，2023，《富而好德，何必曰利——论企业社会责任与经济绩效的权衡关系》，《中山大学学报》（社会科学版）第 1 期。

刘星、苏春、邵欢，2021，《代际传承与家族董事席位超额控制》，《经济研究》第 12 期。

罗党论、刘晓龙，2009，《政治关系、进入壁垒与企业绩效——来自中国民营上市公司的经验证据》，《管理世界》第 5 期。

罗双发、欧晓明、赖艳，2015，《政治关联与企业社会责任信息披露质量——基于 CSR 信息披露质量前 100 名上市公司的经验数据》，《华南师范大学学报》（社会科学版）第 3 期。

钱明、徐光华、沈弋，2016，《社会责任信息披露、会计稳健性与融资约束——基于产权异质性的视角》，《会计研究》第 5 期。

秦续忠、王宗水、赵红，2018，《公司治理与企业社会责任披露——基于创业板的中小企业研究》，《管理评论》第 3 期。

沈洪涛，2007，《公司特征与公司社会责任信息披露——来自我国上市公司的经验证据》，《会计研究》第 3 期。

苏芳、梁秀芳、陈绍俭、孙艳蕾，2022，《制度压力对企业环境责任的影响——来自中国上市公司的证据》，《中国环境管理》第 4 期。

唐跃军、左晶晶、李汇东，2014，《制度环境变迁对公司慈善行为的影响机制研究》，《经济研究》第 2 期。

王朝霞、孙付华、施文君，2018，《董事会特征对企业社会责任信息披露的影响——基于敏感性行业的实证检验》，《湖北农业科学》第 13 期。

王士红，2016，《所有权性质、高管背景特征与企业社会责任披露——基于中国上市公司的数据》，《会计研究》第 11 期。

王宇、李海洋，2017，《管理学研究中的内生性问题及修正方法》，《管理学季刊》第 3 期。

吴芳、张岩，2021，《基于工具性利益相关者视角的员工责任与企业创新绩效研究》，《管理学报》第 2 期。

肖延高、冉华庆、童文锋、康凯悦，2021，《防卫还是囤积？商标组合对企业绩效的影响及启示》，《管理世界》第 10 期。

徐建中、贯君、林艳，2017，《制度压力、高管环保意识与企业绿色创新实践——基于新制度主义理论和高阶理论视角》，《管理评论》第 9 期。

许年行、李哲，2016，《高管贫困经历与企业慈善捐赠》，《经济研究》
　　第 12 期。

许治、陈郑逸帆、朱明晶，2020，《企业持续创新必然促进业绩增
　　长？——基于环境动荡性调节效应的分析》，《科学学与科学技术
　　管理》第 12 期。

尹开国、汪莹莹、刘小芹，2014，《产权性质、管理层持股与社会责
　　任信息披露——来自中国上市公司的经验证据》，《经济与管理研
　　究》第 9 期。

张国清、肖华，2016，《高管特征与公司环境信息披露——基于制度理
　　论的经验研究》，《厦门大学学报》（哲学社会科学版）第 4 期。

张正勇、吉利、毛洪涛，2012，《公司治理影响社会责任信息披露
　　吗？——来自中国上市公司社会责任报告的经验证据》，《经济经
　　纬》第 6 期。

张正勇、吉利，2013，《企业家人口背景特征与社会责任信息披露——
　　来自中国上市公司社会责任报告的经验证据》，《中国人口·资源
　　与环境》第 4 期。

赵晶、王明，2016，《利益相关者、非正式参与和公司治理——基于
　　雷士照明的案例研究》，《管理世界》第 4 期。

郑冠群、宋林、郝渊晓，2015，《高管层特征、策略性行为与企业社
　　会责任信息披露质量》，《经济经纬》第 2 期。

郑培培、任春艳、郭兰，2017，《社会责任信息披露、媒体报道与个
　　体投资者的投资决策——一项实验证据》，《经济管理》第 4 期。

钟马、徐光华，2017，《社会责任信息披露、财务信息质量与投资效
　　率——基于"强制披露时代"中国上市公司的证据》，《管理评
　　论》第 2 期。

Adams C. A., 2004, "The ethical, social and environmental reportingperformance portrayal gap", *Accounting, Auditing & Accountability Journal*, 17: 731-757.

Agle B. R., Mitchell R., Sonnenfeld J. A., 1999, "Who matters to CEOs? An investigation of stakeholder attributes and salience, corporate performance, and CEO values", *Academy of Management Journal*, 42: 507-525.

Aguilera R. V., Rupp D. E., Williams C. A., et al., 2007, "Putting the S back in corporate social responsibility: A multilevel theory of social change in organizations", *Academy of Management Review*, 32: 836-863.

Aguinis H., 2011, "Organizational responsibility: Doing good and doing well", In S. Zedeck (Ed.), *APA Handbook of Industrial and Organizational Psychology*, pp. 855-879.

Ahmadjian C. L., Robinson P., 2001, "Safety in numbers: Downsizing and the deinstitutionalization of permanent employment in Japan", *Administrative Science Quarterly*, 46: 622-654.

Aldrich H. E., Fiol C. M., 1994, "Fools rush in? The institutional context of industry creation", *Academy of Management Review*, 19: 645-670.

Alimov A., 2015, "Labor market regulations and cross-border mergers and acquisitions", *Journal of International Business Studies*, 46: 984-1009.

Alon I., Elia S., Li S., 2020, "Greenfield or M&A? An institutional and learning perspective on the establishment mode choice of Chinese outward investments", *Journal of International Management*, 26: 100758.

Anderson P., Tushman M. L., 2001, "Organizational environments and industry exit: The effects of uncertainty, munificence and complexity", *Industrial and Corporate Change*, 10: 675-711.

Ang S. H., Benischke M. H., Doh J. P., 2015, "The interactions of institutions on foreign market entry mode", *Strategic Management Journal*, 36: 1536-1553.

Aragòn-Correa J. A., Marcus A. A., Vogel D., 2020, "The effects of mandatory and voluntary regulatory pressures on firms' environmental strategies: A review and recommendations for future research", *Academy of Management Annals*, 14: 339-365.

Argandoña A., 1998, "The stakeholder theory and the common good", *Journal of Business Ethics*, 17: 1093-1102.

Ashforth B. E., Gibbs B. W., 1990, "The double-edge of organizational legitimation", *Organization Science*, 1: 177-194.

Balmer J. M., Greyser S. A., 2006, "Corporate marketing: Integrating corporate identity, corporate branding, corporate communications, corporate image and corporate reputation", *European Journal of Marketing*, 40: 730-741.

Banbury C. M., Mitchell W., 1995, "The effect of introducing important incremental innovations on market share and business survival", *Strategic Management Journal*, 16: 161-182.

Barnett M. L., Salomon R. M., 2012, "Does it pay to be really good? Addressing the shape of the relationship between social and financial performance", *Strategic Management Journal*, 33: 1304-1320.

Barnett W. P., 1997, "The dynamics of competitive intensity", *Administrative Science Quarterly*: 128-160.

Barney J., 1991, "Firm resources and sustained competitive advantage", *Journal of Management*, 17: 99-120.

Basdeo D. K., Smith K. G., Grimm C. M., et al., 2006, "The impact of market actions on firm reputation", *Strategic Management Journal*, 27: 1205-1219.

Basuil D. A. , Datta D. K. , 2015, "Effects of industry- and region-specific acquisition experience on value creation in cross-border acquisitions: The moderating role of cultural similarity", *Journal of Management Studies*, 52: 766-795.

Bauer F. , Schriber S. , Degischer D. , et al. , 2018, "Contextualizing speed and cross-border acquisition performance: Labor market flexibility and efficiency effects", *Journal of World Business*, 53: 290-301.

Baum J. A. , Singh J. V. , 1994, "Organizational niches and the dynamics of organizational mortality", *American Journal of Sociology*, 100: 346-380.

Berliner D. , Prakash A. , 2015, "Bluewashing the firm? Voluntary regulations, program design, and member compliance with the United Nations global compact", *Policy Studies Journal*, 43: 115-138.

Berman S. L. , Wicks A. C. , Kotha S. , et al. , 1999, "Does stakeholder orientation matter? The relationship between stakeholder management models and firm financial performance", *Academy of Management Journal*, 42: 488-506.

Berrone P. , Fosfuri A. , Gelabert L. , et al. , 2013, "Necessity as the mother of 'green' inventions: Institutional pressures and environmental innovations", *Strategic Management Journal*, 34: 891-909.

Bertrand O. , Betschinger M. A. , Laamanen T. , 2019, "Effects of subnational regional corruption on growth strategies in emerging economies: Evidence from Russian domestic and international M&A activity", *Global Strategy Journal*, 9: 303-332.

Bhattacharyya A. , Rahman M. L. , 2019, "Mandatory CSR expenditure and firm performance", *Journal of Contemporary Accounting & Economics*, 15: 100163.

Bhaumik S. K. , Owolabi O. , Pal S. , 2018, "Private information, institutional distance, and the failure of cross-border acquisitions: Evidence from the banking sector in Central and Eastern Europe", *Journal of World Business*, 53: 504-513.

Brammer S. , Millington A. , 2008, "Does it pay to be different? An analysis of the relationship between corporate social and financial performance", *Strategic Management Journal*, 29: 1325-1343.

Brandl J. , Bullinger B. , 2009, "Reflections on the societal conditions for the pervasiveness of entrepreneurial behavior in Western societies", *Journal of Management Inquiry*, 18: 159-173.

Breton-Miller L. , Miller D. , Tang Z. , et al. , 2024, "CEO religion and corporate social responsibility: A socio-behavioral model", *Journal of Business Ethics*: 1-23.

Bundy J. , Shropshire C. , Buchholtz A. K. , 2013, "Strategic cognition and issue salience: Toward an explanation of firm responsiveness to stakeholder concerns", *Academy of Management Review*, 38: 352-376.

Burton M. D. , Sørensen J. B. , Beckman C. M. , 2002, "Coming from good stock: Career histories and new venture formation", In *Social Structure and Organizations Revisited*. Emerald Group Publishing Limited, pp. 229-262.

Campbell J. L. , 2007, "Why would corporations behave in socially responsible ways? An institutional theory of corporate social responsibility", *Academy of Management Review*, 32: 946-967.

Cantor R. , Packer F. , 1997, "Differences of opinion and selection bias in the credit rating industry", *Journal of Banking & Finance*, 21:

1395-1417.

Cantrell J. E. , Kyriazis E. , Noble G. , 2015, "Developing CSR giving as a dynamic capability for salient stakeholder management", *Journal of Business Ethics*, 130: 403-421.

Cao J. , Liang H. , Zhan X. , 2019, "Peer effects of corporate social responsibility", *Management Science*, 65: 5487-5503.

Carroll A. B. , 1991, "The pyramid of corporate social responsibility: Toward the moral management of organizational stakeholders", *Business Horizons*, 34: 39-48.

Chang E. H. , Milkman K. L. , Chugh D. , et al. , 2019, "Diversity thresholds: How social norms, visibility, and scrutiny relate to group composition", *Academy of Management Journal*, 62: 144-171.

Chang Y. , He W. , Wang J. , 2021, "Government initiated corporate social responsibility activities: Evidence from a poverty alleviation campaign in China", *Journal of Business Ethics*, 173: 661-685.

Chen C. C. , Meindl J. R. , 1991, "The construction of leadership images in the popular press: The case of Donald Burr and People Express", *Administrative Science Quarterly*: 521-551.

Chen R. , Cui L. , Li S. , et al. , 2017, "Acquisition or greenfield entry into Africa? Responding to institutional dynamics in an emerging continent", *Global Strategy Journal*, 7: 212-230.

Chen Y. C. , Hung M. , Wang Y. , 2018, "The effect of mandatory CSR disclosure on firm profitability and social externalities: Evidence from China", *Journal of Accounting and Economics*, 65: 169-190.

Chin M. K. , Hambrick D. C. , Treviño L. K. , 2013, "Political ideologies of CEOs: The influence of executives' values on corporate social responsibility", *Administrative Science Quarterly*, 58: 197-232.

Chiu S. C. , Sharfman M. , 2011, "Legitimacy, visibility, and the antecedents of corporate social performance: An investigation of the instrumental perspective", *Journal of Management*, 37: 1558-1585.

Choi D. , Shin H. , Kim K. , 2023, "CEO's childhood experience of natural disaster and CSR activities", *Journal of Business Ethics*: 1-26.

Choi J. , Wang H. , 2009, "Stakeholder relations and the persistence of corporate financial performance", *Strategic Management Journal*, 30: 895-907.

Christensen H. B. , Hail L. , Leuz C. , 2021, "Mandatory CSR and sustainability reporting: Economic analysis and literature review", *Review of Accounting Studies*, 26: 1176-1248.

Clarkson M. B. , 1991, "Defining, evaluating, and managing corporate social performance: The stakeholder management model", *Research in Corporate Social Performance and Policy*, 12: 331-358.

Clarkson M. E. , 1995, "A stakeholder framework for analyzing and evaluating corporate social performance", *Academy of Management Review*, 20: 92-117.

Cohen J. R. , Simnett R. , 2015, "CSR and assurance services: A research agenda", *Auditing: A Journal of Practice & Theory*, 34: 59-74.

Contractor F. , Yang Y. , Gaur A. S. , 2016, "Firm-specific intangible assets and subsidiary profitability: The moderating role of distance, ownership strategy and subsidiary experience", *Journal of World Business*, 51: 950-964.

Cornelissen J. P. , Durand R. , Fiss P. C. , et al. , 2015, *Putting Communication Front and Center in Institutional Theory and Analysis* (Academy of Management Briarcliff Manor, NY), pp. 10-27.

Crane A. , Glozer S. , 2016, "Researching corporate social responsibility communication: Themes, opportunities and challenges", *Journal of Management Studies*, 53: 1223-1252.

Cuypers I. R. P., Koh P. S., Wang H., 2015, "Sincerity in corporate philanthropy, stakeholder perceptions and firm value", *Organization Science*, 27: 173-188.

Dacin M. T., Oliver C., Roy J. P., 2007, "The legitimacy of strategic alliances: An institutional perspective", *Strategic Management Journal*, 28: 169-187.

Dahl R. A., 1957, "The concept of power", *Behavioral Science*, 2: 201-215.

Das T. K., Teng B. S., 2000, "Instabilities of strategic alliances: An internal tensions perspective", *Organization Science*, 11: 77-101.

Davenport K., 2000, "Corporate citizenship: A stakeholder approach for defining corporate social performance and identifying measures for assessing it", *Business & Society*, 39: 210-219.

David P., Bloom M., Hillman A. J., 2007, "Investor activism, managerial responsiveness, and corporate social performance", *Strategic Management Journal*, 28: 91-100.

Dawkins C. E., Fraas J. W., 2011, "Erratum to: Beyond acclamations and excuses: environmental performance, voluntary environmental disclosure and the role of visibility", *Journal of Business Ethics*, 99: 383-397.

Deephouse D. L., 1999, "To be different, or to be the same? It's a question (and theory) of strategic balance", *Strategic Management Journal*, 20: 147-166.

Dhaliwal D. S., Li O. Z., Tsang A., et al., 2011, "Voluntary nonfinancial disclosure and the cost of equity capital: The initiation of corporate social responsibility reporting", *The Accounting Review*, 86: 59-100.

Dhaliwal D. S. , Radhakrishnan S. , Tsang A. , et al. , 2012, "Nonfinancial disclosure and analyst forecast accuracy: International evidence on corporate social responsibility disclosure", *The Accounting Review*, 87: 723-759.

Dikova D. , Sahib P. R. , Van Witteloostuijn A. , 2010, "Cross-border acquisition abandonment and completion: The effect of institutional differences and organizational learning in the international business service industry, 1981 - 2001 ", *Journal of International Business Studies*, 41: 223-245.

DiMaggio P. J. , 1988, "Interest and agency in institutional theory", *Institutional Patterns and Organizations*.

DiMaggio P. J. , Powell W. W. , 1983, "The iron cage revisited: Institutional isomorphism and collective rationality in organizational fields", *American Sociological Review*, 48: 147-160.

Ding H. , Hu Y. , Yang X. , et al. , 2021, "Board interlock and the diffusion of corporate social responsibility among Chinese listed firms", *Asia Pacific Journal of Management*: 1-34.

Do H. , Budhwar P. , Shipton H. , et al. , 2022, "Building organizational resilience, innovation through resource-based management initiatives, organizational learning and environmental dynamism", *Journal of Business Research*, 141: 808-821.

Donaldson T. , Preston L. E. , 1995, "The stakeholder theory of the corporation: Concepts, evidence, and implications", *Academy of Management Review*, 20: 65-91.

Dowell G. , David R. J. , 2011, "Effects of ancestral populations on entrepreneurial founding and failure: Private liquor stores in Alberta,

1994-2003", *Industrial and Corporate Change*, 20: 825-853.

Dowling J., Pfeffer J., 1975, "Organizational legitimacy: Social values and organizational behavior", *Pacific Sociological Review*, 18: 122-136.

Du S., Bhattacharya C. B., Sen S., 2010, "Maximizing business returns to corporate social responsibility (CSR): The role of CSR communication", *International Journal of Management Reviews*, 12: 8-19.

Dyer J. H., 1996, "Specialized supplier networks as a source of competitive advantage: Evidence from the auto industry", *Strategic Management Journal*, 17: 271-291.

Elliott W. B., Jackson K. E., Peecher M. E., et al., 2014, "The unintended effect of corporate social responsibility performance on investors' estimates of fundamental value", *The Accounting Review*, 89: 275-302.

Ellis J. A., Moeller S. B., Schlingemann F. P., et al., 2017, "Portable country governance and cross-border acquisitions", *Journal of International Business Studies*, 48: 148-173.

Elsbach K. D., 1994, "Managing organizational legitimacy in the California cattle industry: The construction and effectiveness of verbal accounts", *Administrative Science Quarterly*: 57-88.

Fatima T., Elbanna S., 2023, "Corporate social responsibility (CSR) implementation: A review and a research agenda towards an integrative framework", *Journal of Business Ethics*, 183: 105-121.

Fernandez-Feijoo B., Romero S., Ruiz S., 2014, "Effect of stakeholders' pressure on transparency of sustainability reports within the GRI framework", *Journal of Business Ethics*, 122: 53-63.

Finchelstein D., 2017, "The role of the State in the internationalization of Latin American firms", *Journal of World Business*, 52: 578-590.

Fiss P. C. , Kennedy M. T. , Davis G. F. , 2012, "How golden parachutes unfolded: Diffusion and variation of a controversial practice", *Organization Science*, 23: 1077−1099.

Flammer C. , 2018, "Competing for government procurement contracts: The role of corporate social responsibility", *Strategic Management Journal*, 39: 1299−1324.

Flammer C. , 2013, "Corporate social responsibility and shareholder reaction: The environmental awareness of investors", *Academy of Management Journal*, 56: 758−781.

Flammer C. , 2015, "Does product market competition foster corporate social responsibility? Evidence from trade liberalization", *Strategic Management Journal*, 36: 1469−1485.

Francis B. , Hasan I. , Liu L. , et al. , 2019, "Employee treatment and contracting with bank lenders: An instrumental approach for stakeholder management", *Journal of Business Ethics*, 158: 1029−1046.

Freeman R. E. , 1984, *Strategic Management: A Stakeholder Approach* (Cambridge University Press).

Friedman M. , 1970, "A friedman doctrine: The social responsibility of business is to increase its profit", *New York Times Magazine*, 32−33: 173−178.

Fu R. , Tang Y. , Chen G. , 2020, "Chief sustainability officers and corporate social (ir) responsibility", *Strategic Management Journal*, 41: 656−680.

Gamache D. L. , Neville F. , Bundy J. , et al. , 2020, "Serving differently: CEO regulatory focus and firm stakeholder strategy", *Strategic Management Journal*, 41: 1305−1335.

Gan Y. , Qiu B. , 2019, "Escape from the USA: Government debt-to-

GDP ratio, country tax competitiveness, and US-OECD cross-border M&As", *Journal of International Business Studies*, 50: 1156-1183.

Gardberg N. A., Fombrun C. J., 2006, "Corporate citizenship: Creating intangible assets across institutional environments", *Academy of Management Review*, 31: 329-346.

Ge P., Hsieh P. H., 2007, "Social dynamic factors in multi-stakeholder decision making in the early stage of product development", *Journal of Design Research*, 6 (1-2): 100-121.

Geleilate J. M. G., Magnusson P., Parente R. C., et al., 2016, "Home country institutional effects on the multinationality-performance relationship: A comparison between emerging and developed market multinationals", *Journal of International Management*, 22: 380-402.

Gibson K., 2000, "The moral basis of stakeholder theory", *Journal of Business Ethics*, pp. 245-257.

Gimeno J., Woo C. Y., 1996, "Hypercompetition in a multimarket environment: The role of strategic similarity and multimarket contact in competitive de-escalation", *Organization Science*, 7: 322-341.

Godfrey P. C., Merrill C. B., Hansen J. M., 2009, "The relationship between corporate social responsibility and shareholder value: An empirical test of the risk management hypothesis", *Strategic Management Journal*, 30: 425-445.

Gong M., Zhang Z., Jia M., et al., 2021, "Does having a critical mass of women on the board result in more corporate environmental actions? Evidence from China", *Group & Organization Management*, 46: 1106-1144.

Goodstein J. D., 1994, "Institutional pressures and strategic responsiveness: Employer involvement in work-family issues", *The Academy of*

Management Journal, 37: 350-382.

Greenwood R. , Raynard M. , Kodeih F. , et al. , 2011, "Institutional complexity and organizational responses", *Academy of Management Annals*, 5: 317-371.

Grewal J. , Riedl E. J. , Serafeim G. , 2019, "Market reaction to mandatory nonfinancial disclosure", *Management Science*, 65: 3061-3084.

Grewatsch S. , Kleindienst I. , 2017, "When does it pay to be good? Moderators and mediators in the corporate sustainability-corporate financial performance relationship: A critical review", *Journal of Business Ethics*, 145: 383-416.

Guo W. , Yu T. , Gimeno J. , 2017, "Language and competition: Communication vagueness, interpretation difficulties, and market entry", *Academy of Management Journal*, 60: 2073-2098.

Haack P. , Schoeneborn D. , Wickert C. , 2012, "Talking the talk, moral entrapment, creeping commitment? Exploring narrative dynamics in corporate responsibility standardization", *Organization Studies*, 33: 815-845.

Halal W. E. , 1990, "The new management: Business and social institutions in the information age", *Business in the Contemporary World*, 2: 41-54.

Hambrick D. C. , Wowak A. J. , 2021, "CEO sociopolitical activism: A stakeholder alignment model", *Academy of Management Review*, 46: 33-59.

Hannan M. T. , Freeman J. , 1986, *Where Do Organizational Forms Come from?* (Sociological Forum. Springer), pp. 50-72.

Hannan M. T. , 2010, "Partiality of memberships in categories and audiences", *Annual Review of Sociology*, 36: 159-181.

Harrison J. S. , Coombs J. E. , 2012, "The moderating effects from corporate governance characteristics on the relationship between available slack and community-based firm performance", *Journal of Business Ethics*, 107: 409-422.

Hasija D. , Liou R. S. , Ellstrand A. , 2020, "Navigating the new normal: Political affinity and multinationals' post-acquisition performance", *Journal of Management Studies*, 57: 569-596.

Heckman J. , 1979, "Sample selection bias as a specification error", *Econometrica: Journal of the Econometric Society*: 153-161.

Helmig B. , Spraul K. , Ingenhoff D. , 2016, "Under positive pressure: How stakeholder pressure affects corporate social responsibility implementation", *Business & Society*, 55: 151-187.

Hess D. , 2007, "Social reporting and new governance regulation: The prospects of achieving corporate accountability through transparency", *Business Ethics Quarterly*, 17: 453-476.

Hirsch P. M. , Lounsbury M. , 1997, "Ending the family quarrel: Toward a reconciliation of 'old' and 'new' institutionalisms", *American Behavioral Scientist*, 40: 406-418.

Hoffman A. J. , 1999, "Institutional evolution and change: Environmentalism and the US chemical industry", *Academy of Management Journal*, 42: 351-371.

Hung M. , Shi J. , Wang Y. , 2013, *The Effect of Mandatory CSR Disclosure on Information Asymmetry: Evidence from a Quasi-Natural Experiment in China* (Asian Finance Association).

Ioannou I. , Serafeim G. , 2017, *The Consequences of Mandatory Corporate Sustainability Reporting* (Harvard Business School Research Working Paper).

Jackson G. , Bartosch J. , Avetisyan E. , et al. , 2020, "Mandatory non-financial disclosure and its influence on CSR: An international comparison", *Journal of Business Ethics*, 162: 323-342.

Jawahar I. , McLaughlin G. L. , 2001, "Toward a descriptive stakeholder theory: An organizational life cycle approach", *Academy of Management Review*, 26: 397-414.

Jeong Y. C. , Kim T. Y. , 2019, "Between legitimacy and efficiency: An institutional theory of corporate giving", *Academy of Management Journal*, 62: 1583-1608.

Jensen K. K. , 2007, "Corporate responsibility: The stakeholder paradox reconsidered", *Journal of Agricultural and Environmental Ethics*, 20 (6): 515-532.

Jensen M. C. , 2002, "Value maximization, stakeholder theory, and the corporate objective function", *Business ethics quarterly*, 12 (2): 235-256.

Jia Y. , Gao X. , Julian S. , 2020, "Do firms use corporate social responsibility to insure against stock price risk? Evidence from a natural experiment", *Strategic Management Journal*, 41: 290-307.

Jia Y. , Tsui A. S. , Yu X. , 2021, "Beyond bounded rationality: CEO reflective capacity and firm sustainability performance", *Management and Organization Review*, 17: 777-814.

Jones T. M. , Harrison J. S. , Felps W. , 2018, "How applying instrumental stakeholder theory can provide sustainable competitive advantage", *Academy of Management Review*, 43: 371-391.

Jones T. M. , 1995, "Instrumental stakeholder theory: A synthesis of ethics and economics", *Academy of Management Review*, 20: 404-437.

Kang J. K. , Kim J. M. , 2010, "Do foreign investors exhibit a corporate governance disadvantage? An information asymmetry perspective ", *Journal of International Business Studies*, 41: 1415-1438.

Katmon N. , Farooque O. A. , 2017, " Exploring the impact of internal corporate governance on the relation between disclosure quality and earnings management in the UK listed companies ", *Journal of Business Ethics*, 142: 345-367.

Khessina O. M. , Carroll G. R. , 2008, " Product demography of de novo and de alio firms in the optical disk drive industry, 1983 – 1999 ", *Organization Science*, 19: 25-38.

Kim K. H. , Kim M. , Qian C. , 2018, " Effects of corporate social responsibility on corporate financial performance: A competitive-action perspective ", *Journal of Management*, 44: 1079-1118.

Kim Y. H. , Davis G. F. , 2016, " Challenges for global supply chain sustainability: Evidence from conflict minerals reports ", *Academy of Management Journal*, 59: 1896-1916.

Koh K. , Li H. , Tong Y. H. , 2023, " Corporate social responsibility (CSR) performance and stakeholder engagement: Evidence from the quantity and quality of CSR disclosures ", *Corporate Social Responsibility and Environmental Management*, 30: 504-517.

Kostova T. , Zaheer S. , 1999, " Organizational legitimacy under conditions of complexity: The case of the multinational enterprise ", *Academy of Management Review*, 24: 64-81.

Lado A. A. , Wilson M. C. , 1994, " Human resource systems and sustained competitive advantage: A competency-based perspective ", *Academy of Management Review*, 19: 699-727.

Laplume A. O. , Sonpar K. , Litz R. A. , 2008, " Stakeholder theory: Reviewing a theory that moves us ", *Journal of Management*, 34:

1152-1189.

Lev B. , Petrovits C. , Radhakrishnan S. , 2010, "Is doing good good for you? How corporate charitable contributions enhance revenue growth", *Strategic Management Journal*, 31: 182-200.

Levine R. , Lin C. , Shen B. , 2020, "Cross-border acquisitions: Do labor regulations affect acquirer returns?", *Journal of International Business Studies*, 51: 194-217.

Lewis B. W. , Walls J. L. , Dowell G. W. , 2014, "Difference in degrees: CEO characteristics and firm environmental disclosure", *Strategic Management Journal*, 35: 712-722.

Lewis Y. , Bozos K. , 2019, "Mitigating post-acquisition risk: The interplay of cross-border uncertainties", *Journal of World Business*, 54: 100996.

Li C. , Wang X. , 2022, "Local peer effects of corporate social responsibility", *Journal of Corporate Finance*, 73: 102187.

Li D. , Jiang J. , Zhang L. , et al. , 2023, "Do CEOs with sent-down movement experience foster corporate environmental responsibility?", *Journal of Business Ethics*, 185: 147-168.

Lieberman M. B. , Asaba S. , 2006, "Why do firms imitate each other?", *Academy of Management Review*, 31: 366-385.

Liew Y. L. , Schillebeeckx S. J. , 2020, "Sustainability reporting: A review and the way forward", *Academy of Management Proceedings*, 2020: 19204.

Li J. J. , Poppo L. , Zhou K. Z. , 2008, "Do managerial ties in China always produce value? Competition, uncertainty, and domestic vs. foreign firms", *Strategic Management Journal*, 29: 383-400.

Li J. , Tang Y. , 2010, "CEO hubris and firm risk taking in China: The moderating role of managerial discretion", *Academy of Management Journal*, 53: 45-68.

Li S. , Lu J. , 2020, "A dual-agency model of firm CSR in response to institutional pressure: Evidence from Chinese publicly listed firms", *Academy of Management Journal*, 63: 2004-2032.

Liu Y. , Dai W. , Liao M. , et al. , 2021, "Social status and corporate social responsibility: Evidence from Chinese privately owned firms", *Journal of Business Ethics*, 169: 651-672.

Li W. , Zhang J. Z. , Ding R. , 2023, "Impact of directors' network on corporate social responsibility disclosure: Evidence from China", *Journal of Business Ethics*, 183: 551-583.

Luo J. , Kaul A. , Seo H. , 2018, "Winning us with trifles: Adverse selection in the use of philanthropy as insurance", *Strategic Management Journal*, 39: 2591-2617.

Luo X. , Bhattacharya C. B. , 2006, "Corporate social responsibility, customer satisfaction, and market value", *Journal of marketing*, 70: 1-18.

Luo X. R. , Wang D. , Zhang J. , 2017, "Whose call to answer: Institutional complexity and firms' CSR reporting", *Academy of Management Journal*, 60: 321-344.

Luo X. R. , Zhang J. , Marquis C. , 2016, "Mobilization in the internet age: Internet activism and corporate response", *Academy of Management Journal*, 59: 2045-2068.

Luo Y. , Kong D. , Cui H. , 2024, "Top managers' rice culture and corporate social responsibility performance", *Journal of Business Ethics*: 1-24.

Ma C. , Yasir L. , 2023, "Carrot or stick? CSR and firm financial performance", *Journal of Business Ethics*, 188: 349-365.

Marano V., Arregle J. L., Hitt M. A., et al., 2016, "Home country institutions and the internationalization-performance relationship: A meta-analytic review", *Journal of Management*, 42: 1075-1110.

Marquez-Illescas G., Zebedee A. A., Zhou L., 2019, "Hear me write: Does CEO narcissism affect disclosure?", *Journal of Business Ethics*, 159: 401-417.

Marquis C., Bird Y., 2018, "The paradox of responsive authoritarianism: How civic activism spurs environmental penalties in China", *Organization Science*, 29: 948-968.

Marquis C., Glynn M. A., Davis G. F., 2007, "Community isomorphism and corporate social action", *Academy of Management Review*, 32: 925-945.

Marquis C., Lee M., 2013, "Who is governing whom? Executives, governance, and the structure of generosity in large US firms", *Strategic Management Journal*, 34: 483-497.

Marquis C., Qian C., 2014, "Corporate social responsibility reporting in china: Symbol or substance?", *Organization Science*, 25: 127-148.

Marquis C., Tilcsik A., 2016, "Institutional equivalence: How industry and community peers influence corporate philanthropy", *Organization Science*, 27: 1325-1341.

Marquis C., Toffel M. W., Zhou Y., 2016, "Scrutiny, norms, and selective disclosure: A global study of greenwashing", *Organization Science*, 27: 483-504.

Marquis C., Yin J., Yang D., 2017, "State-mediated globalization processes and the adoption of corporate social responsibility reporting in China", *Management and Organization Review*, 13: 167-191.

Ma Z. , Zhang H. , Zhong W. , et al. , 2020, "Top management teams' academic experience and firms' corporate social responsibility voluntary disclosure", *Management and Organization Review*: 1-41.

McNamara G. , Deephouse D. L. , Luce R. A. , 2003, "Competitive positioning within and across a strategic group structure: The performance of core, secondary, and solitary firms", *Strategic Management Journal*, 24: 161-181.

McWilliams A. , Siegel D. , 2001, "Corporate social responsibility: A theory of the firm perspective", *Academy of Management Review*, 26: 117-127.

McWilliams A. , Siegel D. S. , Wright P. M. , 2006, "Corporate social responsibility: Strategic implications", *Journal of Management Studies*, 43: 1-18.

Meier O. , Schier G. , 2021, "CSR and family CEO: The moderating role of CEO's age", *Journal of Business Ethics*, 174: 595-612.

Meyer J. W. , Rowan B. , 1977, "Institutionalized organizations: Formal structure as myth and ceremony", *American Journal of Sociology*, 83: 340-363.

Meyer K. E. , Estrin S. , Bhaumik S. K. , et al. , 2009, "Institutions, resources, and entry strategies in emerging economies", *Strategic Management Journal*, 30: 61-80.

Miller D. , Chen M. J. , 1995, "Nonconformity in competitive repertoires", *Academy of Management Proceedings*: 256-260.

Mitchell R. K. , Agle B. R. , Wood D. J. , 1997, "Toward a theory of stakeholder identification and salience: Defining the principle of who and what really counts", *Academy of Management Review*, 22: 853-886.

Nadkarni S. , Chen J. , 2014, "Bridging yesterday, today, and tomorrow:

CEO temporal focus, environmental dynamism, and rate of new product introduction", *Academy of Management Journal*, 57: 1810-1833.

Nason R. S., Bacq S., Gras D., 2018, "A behavioral theory of social performance: Social identity and stakeholder expectations", *Academy of Management Review*, 43: 259-283.

Nazari J. A., Hrazdil K., Mahmoudian F., 2017, "Assessing social and environmental performance through narrative complexity in CSR reports", *Journal of Contemporary Accounting & Economics*, 13: 166-178.

Neville B. A., Bell S. J., Whitwell G. J., 2011, "Stakeholder salience revisited: Refining, redefining, and refueling an underdeveloped conceptual tool", *Journal of Business Ethics*, 102: 357-378.

Ni X., Zhang H., 2019, "Mandatory corporate social responsibility disclosure and dividend payouts: Evidence from a quasi-natural experiment", *Accounting & Finance*, 58: 1581-1612.

Ogden S., Watson R., 1999, "Corporate performance and stakeholder management: Balancing shareholder and customer interests in the UK privatized water industry", *Academy of Management Journal*, 42: 526-538.

Oliver C., Holzinger I., 2008, "The effectiveness of strategic political management: A dynamic capabilities framework", *Academy of Management Review*, 33: 496-520.

Oliver C., 1991, "Strategic responses to institutional processes", *Academy of Management Review*, 16: 145-179.

Orlitzky M., Schmidt F. L., Rynes S. L., 2003, "Corporate social and financial performance: A meta-analysis", *Organization Studies*, 24: 403-441.

Ortiz-de-Mandojana N. , Bansal P. , Aragòn-Correa J. A. , 2019, "Older and wiser: How CEOs' time perspective influences long-term investments in environmentally responsible technologies", *British Journal of Management*, 30: 134–150.

O'Sullivan D. , Zolotoy L. , Fan Q. , 2021, "CEO early-life disaster experience and corporate social performance", *Strategic Management Journal*, 42: 2137–2161.

Peloza J. , 2009, "The challenge of measuring financial impacts from investments in corporate social performance", *Journal of Management*, 35: 1518–1541.

Peng M. W. , 2004, "Outside directors and firm performance during institutional transitions", *Strategic Management Journal*, 25: 453–471.

Petrenko O. V. , Aime F. , Ridge J. , et al. , 2016, "Corporate social responsibility or CEO narcissism? CSR motivations and organizational performance", *Strategic Management Journal*, 37: 262–279.

Pfeffer J. , 1981, "Management as symbolic action: The creation and maintenance of organizational paradigm", *Research in Organizational Behavior*, 3: 1–52.

Phillips R. , 2003, *Stakeholder Theory and Organizational Ethics* (Berrett-Koehler Publishers).

Porter M. E. , 1997, "Competitive strategy", *Measuring Business Excellence*, 1: 12–17.

Porter M. E. , 1991, "Towards a dynamic theory of strategy", *Strategic Management Journal*, 12: 95–117.

Powell W. W. , DiMaggio P. J. , 2012, *The New Institutionalism in Organizational Analysis* (University of Chicago Press).

Pérez-Cornejo C. , De Quevedo-Puente E. , Delgado-García J. B. , 2020,

"Reporting as a booster of the corporate social performance effect on corporate reputation", *Corporate Social Responsibility and Environmental Management*, 27: 1252-1263.

Quan X., Ke Y., Qian Y., et al., 2021, "CEO foreign experience and green innovation: Evidence from China", *Journal of Business Ethics*: 1-23.

Rashid A., Shams S., Bose S., et al., 2020, "CEO power and corporate social responsibility (CSR) disclosure: Does stakeholder influence matter?", *Managerial Auditing Journal*, 35: 1279-1312.

Ren S., Sun H., Tang Y., 2022, "CEO's hometown identity and corporate social responsibility", *Journal of Management*, 49: 2455-2489.

Ren S., Wei W., Sun H., et al., 2020, "Can mandatory environmental information disclosure achieve a win-win for a firm's environmental and economic performance?", *Journal of Cleaner Production*, 250: 119530.

Reus T. H., 2012, "Culture's consequences for emotional attending during cross-border acquisition implementation", *Journal of World Business*, 47: 342-351.

Reus T. H., Lamont B. T., 2009, "The double-edged sword of cultural distance in international acquisitions", *Journal of International Business Studies*, 40: 1298-1316.

Roberts P. W., Amit R., 2003, "The dynamics of innovative activity and competitive advantage: The case of Australian retail banking, 1981 to 1995", *Organization Science*, 14: 107-122.

Romanelli E., Khessina O. M., 2005, "Regional industrial identity: Cluster configurations and economic development", *Organization Science*, 16: 344-358.

Rosenbaum P. R., Rubin D. B., 1983, "The central role of the propensity score in observational studies for causal effects", *Biometrika*, 70: 41-55.

Ruf B. M. , Muralidhar K. , Brown R. M. , et al. , 2001, "An empirical investigation of the relationship between change in corporate social performance and financial performance: A stakeholder theory perspective", *Journal of Business Ethics*, 32: 143-156.

Russo-Spena T. , Tregua M. , De Chiara A. , 2018, "Trends and drivers in CSR disclosure: A focus on reporting practices in the automotive industry", *Journal of Business Ethics*, 151: 563-578.

Ryan T. P. , 2008, *Modern Regression Methods* (John Wiley & Sons).

Sajko M. , Boone C. , Buyl T. , 2021, "CEO greed, corporate social responsibility, and organizational resilience to systemic shocks ", *Journal of Management*, 47: 957-992.

Schoeneborn D. , Morsing M. , Crane A. , 2020, "Formative perspectives on the relation between CSR communication and CSR practices: Pathways for walking, talking, and t (w) alking", *Business & Society*, 59: 5-33.

Schreck P. , 2013, "Disclosure (CSR reporting) ", *Encyclopedia of Corporate Social Responsibility*: 801-810.

Schuler D. A. , Cording M. , 2006, "A corporate social performance-corporate financial performance behavioral model for consumers", *Academy of Management Review*, 31: 540-558.

Scott W. R. , 1994, "Conceptualizing organizational fields: Linking organizations and societal systems", *Systemrationalitat Und Partialinteresse*: 203-221.

Scott W. R. , 1995, *Institutions and Organizations. Foundations for Organizational Science* (London: A Sage Publication Series).

Seo H. , Luo J. , Kaul A. , 2021, "Giving a little to many or a lot to a few? The returns to variety in corporate philanthropy", *Strategic Management Journal*, 42: 1734-1764.

Seo H. , 2021, "Peer effects in corporate disclosure decisions", *Journal of Accounting and Economics*, 71: 101364.

Servaes H. , Tamayo A. , 2013, "The impact of corporate social responsibility on firm value: The role of customer awareness", *Management Science*, 59: 1045-1061.

Shabana K. M. , Buchholtz A. K. , Carroll A. B. , 2017, "The institutionalization of corporate social responsibility reporting", *Business & Society*, 56: 1107-1135.

Shaver J. M. , 1998, "Accounting for endogeneity when assessing strategy performance: Does entry mode choice affect FDI survival?", *Management Science*, 44: 571-585.

Shiu Y. M. , Yang S. L. , 2017, "Does engagement in corporate social responsibility provide strategic insurance-like effects?", *Strategic Management Journal*, 38: 455-470.

Shukla P. , Cantwell J. , 2018, "Migrants and multinational firms: The role of institutional affinity and connectedness in FDI", *Journal of World Business*, 53: 835-849.

Simerly R. L. , Li M. , 2000, "Environmental dynamism, capital structure and performance: A theoretical integration and an empirical test", *Strategic Management Journal*, 21: 31-49.

Sine W. D. , Cordero A. M. , Coles R. S. , 2022, "Entrepreneurship through a unified sociological neoinstitutional lens", *Organization Science*, 33: 1675-1699.

Sine W. D. , Haveman H. A. , Tolbert P. S. , 2005, "Risky business?

Entrepreneurship in the new independent-power sector", *Administrative Science Quarterly*, 50: 200-232.

Sine W. D. , Lee B. H. , 2009, "Tilting at windmills? The environmental movement and the emergence of the US wind energy sector", *Administrative Science Quarterly*, 54: 123-155.

Sorenson O. , Audia P. G. , 2000, "The social structure of entrepreneurial activity: Geographic concentration of footwear production in the United States, 1940-1989", *American Journal of Sociology*, 106: 424-462.

Stahl G. K. , Voigt A. , 2008, "Do cultural differences matter in mergers and acquisitions? A tentative model and examination", *Organization Science*, 19: 160-176.

Stephan J. , Murmann J. P. , Boeker W. , et al. , 2003, "Bringing managers into theories of multimarket competition: CEOs and the determinants of market entry", *Organization Science*, 14: 403-421.

Stuart A. C. , Fuller S. H. , Heron N. M. , et al. , 2022, "Defining CSR disclosure quality: A review and synthesis of the accounting literature", *Journal of Accounting Literature*.

Stuart T. E. , Hoang H. , Hybels R. C. , 1999, "Interorganizational endorsements and the performance of entrepreneurial ventures", *Administrative Science Quarterly*, 44: 315-349.

Suchman M. C. , 1995, "Managing legitimacy: Strategic and institutional approaches", *Academy of Management Review*, 20: 571-610.

Suddaby R. , Bitektine A. , Haack P. , 2017, "Legitimacy", *Academy of Management Annals*, 11: 451-478.

Sun J. , Wang F. , Wang F. , et al. , 2015, "Community institutions and initial diffusion of corporate social responsibility practices in China's banking industry", *Management and Organization Review*, 11:

441-468.

Surroca J. , Tribó J. A. , Zahra S. A. , 2013 , "Stakeholder pressure on MNEs and the transfer of socially irresponsible practices to subsidiaries", *Academy of Management Journal*, 56: 549-572.

Tang Y. , Li J. , Yang H. , 2015a , "What I see, what I do: How executive hubris affects firm innovation", *Journal of Management*, 41: 1698-1723.

Tang Y. , Mack D. Z. , Chen G. , 2018 , "The differential effects of CEO narcissism and hubris on corporate social responsibility", *Strategic Management Journal*, 39: 1370-1387.

Tang Y. , Qian C. , Chen G. , et al. , 2015b , "How CEO hubris affects corporate social (ir) responsibility", *Strategic Management Journal*, 36: 1338-1357.

Tang Z. , Tang J. , 2016 , "Can the media discipline Chinese firms' pollution behaviors? The mediating effects of the public and government", *Journal of Management*, 42: 1700-1722.

Tata J. , Prasad S. , 2015 , "CSR communication: An impression management perspective", *Journal of Business Ethics*, 132: 765-778.

Thijssens T. , Bollen L. , Hassink H. ,2015 , "Secondary stakeholder influence on CSR disclosure: An application of stakeholder salience theory", *Journal of Business Ethics*, 132: 873-891.

Tolbert P. S. , David R. J. , Sine W. D. , 2011 , "Studying choice and change: The intersection of institutional theory and entrepreneurship research", *Organization Science*, 22: 1332-1344.

Tolbert P. S. , Zucker L. G. , 1983 , "Institutional sources of change in the formal structure of organizations: The diffusion of civil service reform, 1880-1935", *Administrative Science Quarterly*: 22-39.

Tsui-Auch L. S., Chow D., 2019, "MNEs' agency within institutional contexts: A study of Walmart's post-acquisition practices in Mexico, Germany, and Japan", *Journal of International Management*, 25: 100655.

Vaara E., Sarala R., Stahl G. K., et al., 2012, "The impact of organizational and national cultural differences on social conflict and knowledge transfer in international acquisitions", *Journal of Management Studies*, 49: 1-27.

Vurro C., Perrini F., 2011, "Making the most of corporate social responsibility reporting: Disclosure structure and its impact on performance", *Corporate Governance: The International Journal of Business in Society.*

Wang H., Choi J., Li J., 2008, "Too little or too much? Untangling the relationship between corporate philanthropy and firm financial performance", *Organization Science*, 19: 143-159.

Wang H., Gibson C., Zander U., 2020, "Editors' comments: Is research on corporate social responsibility undertheorized?", *Academy of Management Review*, 45: 1-6.

Wang H., Jia M., Xiang Y., et al., 2022, "Social performance feedback and firm communication strategy", *Journal of Management*, 48: 2382-2420.

Wang H., Qian C., 2011, "Corporate philanthropy and corporate financial performance: The roles of stakeholder response and political access", *Academy of Management Journal*, 54: 1159-1181.

Wang H., Tong L., Takeuchi R., et al., 2016, "Corporate social responsibility: An overview and new research directions: Thematic issue on corporate social responsibility", *Academy of Management Journal*, 59:

534-544.

Wang J. , Zhang Z. , Jia M. , 2023, "Doing good or looking good: How socially responsible human resource management practices influence employees' CSR-specific performance", *Journal of Managerial Psychology*, 38: 225-244.

Wang R. , Wijen F. , Heugens P. P. , 2018a, "Government's green grip: Multifaceted state influence on corporate environmental actions in China", *Strategic Management Journal*, 39: 403-428.

Wang X. , Cao F. , Ye K. , 2018b, "Mandatory corporate social responsibility (CSR) reporting and financial reporting quality: Evidence from a quasi-natural experiment", *Journal of Business Ethics*, 152: 253-274.

Washington M. , Ventresca M. J. , 2004, "How organizations change: The role of institutional support mechanisms in the incorporation of higher education visibility strategies, 1874 - 1995", *Organization Science*, 15: 82-97.

Wickert C. , Scherer A. G. , Spence L. J. , 2016, "Walking and talking corporate social responsibility: Implications of firm size and organizational cost", *Journal of Management Studies*, 53: 1169-1196.

Wiseman J. , 1982, "An evaluation of environmental disclosures made in corporate annual reports", *Accounting, Organizations and Society*, 7: 53-63.

Xiang Y. , Jia M. , Zhang Z. , 2021, "Hiding in the crowd: Government dependence on firms, management costs of political legitimacy, and modest imitation", *Journal of Business Ethics*: 1-18.

Xu K. , Hitt M. A. , Brock D. , et al. , 2021, "Country institutional environments and international strategy: A review and analysis of the research", *Journal of International Management*, 27: 100811.

Xu S. , Ma P. , 2021, "CEOs' poverty experience and corporate social responsibility: Are CEOs who have experienced poverty more generous?", *Journal of Business Ethics*: 1-30.

Xu X. , Zeng S. , Zou H. , et al. , 2016, "The impact of corporate environmental violation on shareholders' wealth: A perspective taken from media coverage", *Business Strategy and the Environment*, 25: 73-91.

Yamakawa Y. , Peng M. W. , Deeds D. L. , 2008, "What drives new ventures to internationalize from emerging to developed economies?", *Entrepreneurship Theory and Practice*, 32: 59-82.

Yang T. T. , Li C. R. , 2011, "Competence exploration and exploitation in new product development: The moderating effects of environmental dynamism and competitiveness", *Management Decision*, 49: 1444-1470.

Yin J. , Li J. , Ma J. , 2023, "The effects of CEO awards on corporate social responsibility focus", *Journal of Business Ethics*: 1-20.

Yuan Y. , Tian G. , Lu L. Y. , et al. , 2019, "CEO ability and corporate social responsibility", *Journal of Business Ethics*, 157: 391-411.

Zahller K. A. , Arnold V. , Roberts R. W. , 2015, "Using CSR disclosure quality to develop social resilience to exogenous shocks: A test of investor perceptions", *Behavioral Research in Accounting*, 27: 155-177.

Zhang J. , Luo X. R. , 2013, "Dared to care: Organizational vulnerability, institutional logics, and MNCs' social responsiveness in emerging markets", *Organization Science*, 24: 1742-1764.

Zhang L. , Ren S. , Chen X. , et al. , 2020a, "CEO hubris and firm pollution: State and market contingencies in a transitional economy", *Journal of Business Ethics*, 161: 459-478.

Zhang L. , Xu Y. , Chen H. , et al. , 2020b, "Corporate philanthropy after fraud punishment: An institutional perspective", *Management and Organization Review*, 16: 33-68.

Zhang Y., Wang H., Zhou X., 2020c, "Dare to be different? Conformity vs. differentiation in corporate social activities of Chinese firms and market responses", *Academy of Management Journal*, 63: 717-742.

Zhang Z., Chen J., Jia M., 2023, "How and when does mandatory CSR disclosure affects firms' CSR disclosure s trategy?", *Management and Organization Review*: 1-34.

Zhang L., Xu Y., Chen H., 2022a, "Do returnee executives value corporate philanthropy? Evidence from China", *Journal of Business Ethics*, 179: 411-430.

Zhang Z., Gong M., Jia M., 2022b, "How and when does top management team regulatory focus influence firm environmental misconduct?", *Human Relations*, 75: 1298-1326.

Zhang Z., Wang J., Jia M., 2022c, "Multilevel examination of how and when socially responsible human resource management improves the well-being of employees", *Journal of Business Ethics*: 1-17.

Zhang Z., Zhang B., Jia M., 2022d, "The military imprint: The effect of executives' military experience on firm pollution and environmental innovation", *The Leadership Quarterly*, 33: 101562.

Zhao E. Y., Fisher G., Lounsbury M., et al., 2017, "Optimal distinctiveness: Broadening the interface between institutional theory and strategic management", *Strategic Management Journal*, 38: 93-113.

Zhou J., Ye S., Liu X., 2024, "More social, more socially responsible? The impact of CEO social media use on corporate social performance", *British Journal of Management*, 35: 1592-1608.

Zhou N., Wang H., 2020, "Foreign subsidiary CSR as a buffer against parent firm reputation risk", *Journal of International Business Studies*, 51: 1256-1282.

Zhu H. , Ma X. , Sauerwald S. , et al. , 2019, "Home country institutions behind cross-border acquisition performance", *Journal of Management*, 45: 1315-1342.

Zhu H. , Pan Y. , Qiu J. , et al. , 2022, "Hometown ties and favoritism in Chinese corporations: Evidence from CEO dismissals and corporate social responsibility", *Journal of Business Ethics*: 1-28.

Zhu H. , Xia J. , Makino S. , 2015, "How do high-technology firms create value in international M&A? Integration, autonomy and cross-border contingencies", *Journal of World Business*, 50: 718-728.

Zhu H. , Zhu Q. , Ding Z. , 2020, "The roles of Chinese CEOs in managing individualistic cultures in cross-border mergers and acquisitions", *Journal of Management Studies*, 57: 664-697.

Zuckerman E. W. , 1999, "The categorical imperative: Securities analysts and the illegitimacy discount", *American Journal of Sociology*, 104: 1398-1438.

图书在版编目（CIP）数据

上市企业社会责任信息披露研究／陈竞著．--北京：
社会科学文献出版社，2025.2.--ISBN 978-7-5228
-4954-6

Ⅰ.F279.246

中国国家版本馆 CIP 数据核字第 202517Y4B4 号

上市企业社会责任信息披露研究

著　　者／陈　竞

出 版 人／冀祥德
组稿编辑／高　雁
责任编辑／贾立平
文稿编辑／王红平
责任印制／王京美

出　　版／社会科学文献出版社·经济与管理分社（010）59367226
　　　　　地址：北京市北三环中路甲 29 号院华龙大厦　邮编：100029
　　　　　网址：www.ssap.com.cn
发　　行／社会科学文献出版社（010）59367028
印　　装／三河市东方印刷有限公司

规　　格／开本：787mm×1092mm　1/16
　　　　　印张：14　字数：188 千字
版　　次／2025 年 2 月第 1 版　2025 年 2 月第 1 次印刷
书　　号／ISBN 978-7-5228-4954-6
定　　价／128.00 元

读者服务电话：4008918866

版权所有 翻印必究